KB195648

일류 경영자의 조건

출판은 사람과 나무 사이에서 이루어지는 가치 있는 일입니다.
도서출판 사람과나무사이는 의미 있고 울림 있는 책으로
독자의 삶을 좀 더 풍요롭게 만들기 위해 최선을 다하겠습니다.

사이토 다카시 지음

일류 경영자의 조건

김수경 옮김

사람과 나무사이

일류 경영자의 조건

1판 1쇄 발행 2025년 2월 15일

지은이   사이토 다카시
옮긴이   김수경
펴낸이   이재두
펴낸곳   사람과나무사이
등록번호   2014년 9월 23일(제2014-000177호)
주소   경기도 파주시 회동길 508(문발동), 스크린 405호
전화   (031)815-7176   **팩스** (031)601-6181
이메일   saram_namu@naver.com
표지디자인   박대성
영업   용상철
인쇄·제작   도담프린팅
종이   아이피피(IPP)

ISBN 979-11-940960-06-1 03190

"좋은 리더는 문제를 해결하는 데 집중하고,
나쁜 리더는 문제를 찾는 데 집중한다."

– 브라이언 트레이시

일류 경영자를 만드는 조건, '5가지 힘'에 대하여

▞▞ 첫 번째 조건, '각색하고 응용하는 힘'

안도 다다오는 롱샹성당에 매료되었다. 스위스 출신 유명한 건축가 르코르뷔지에가 설계한 건축물 롱샹성당과의 첫만남에서 빛의 장엄한 드라마를 발견했기 때문이다. 이후 그는 일본 도시 오사카의 교외에 '빛의 교회'를 세웠는데, 이는 롱샹성당과 함께 건축사를 빛낼 위대한 건축물로 자리 잡았다.

빛의 교회는 안도 다다오가 롱샹성당과의 인상적인 만남 이후 '건축물 내부에 빛의 공간을 어떻게 만들 수 있을까?'에 관한 깊은 사유와 많은 시행착오 끝에 탄생시킨 걸작이다. 빛의 교회에서 우리는 건축의 본질을 꿰뚫고 시대를 뛰어넘는 다다오만의 날카로운 통찰을 엿볼 수 있다.

안도 다다오는 르코르뷔지에의 롱샹성당에서 자신이 배운 것은 "형태가 아닌 '빛'의 문제였다"고 말한다. 또 그는 "빛을 어떻게 이해하고 활용하는가에 따라 새로운 차원의 건축이 가능할 수 있다는 점을 발견했다"고 고백한다. 실제로 다다오가 건축한 빛의 교회는 '빛을 이해하고 활용한다'라는 측면에서는 르코르뷔지에의 롱샹성당과 일맥상통하지만, 여러 측면에서 롱샹성당과는 전혀 다른 콘셉트를 추구한다. 그중 대표적인 하나를 꼽자면 빛을 이해하는 관점과 다루는 방식의 차이다.

어떤 차이가 있을까? 우선, 르코르뷔지에의 롱샹성당은 벽에 만든 크고 작은 네모난 구멍을 통해 외부의 빛을 내부로 끌어들여 매혹적인 공간을 만들고, 내부에서 생성된 빛을 외부로 발산하여 건축물의 아름다움을 극대화한다는 점에서 최고 경지에 도달한 건축물이라 할 만하다. 안도 다다오는 여기서 한발 더 나아간다. 그는 '햇빛', '나무', '숲' 등을 활용하여 건축물이 자연과 합일되는 경지를 추구한다. 즉, 그는 사람이 문을 열고 교회 안으로 들어섰을 때 보이는 맞은편 정면 벽에 십자가 모양으로 구멍을 만들고, 그 틈으로 햇빛이 들어오게 함으로써 신비로운 분위기와 감동적인 장면을 연출한다. 또 그는 '물'을 건축의 주요 요소로 활용하여 빛의 교회의 성스러움을 한층 끌어올린다.

우리는 안도 다다오의 위대한 건축물 빛의 교회 사례에서 일류 경영자가 갖춰야 할 첫 번째 조건 '각색하고 응용하는 힘'을 발견한다. 나는 이 책의 전작 『일류의 조건』에서 '흉내 내어 훔치는 힘'의 중요성을 강조했다. 단지 업무 능력이 뛰어난 사람에서 한발 더 나아가 일류 경영자가 되기 위해 '훔치는 힘'을 갖추는 것은 매우 중요하다. 그러나 그것은 필요조건일 뿐 충분조건이 되지는 못한다. 충분조건이 충족되려면 '훔치는 힘'에 더해 '각색하고 응용하는 힘'이 갖춰져야 한다.

다른 사람(혹은 기업)이 가진 뛰어난 기술이나 업무 능력을 '훔칠' 때 서류를 복사하듯 그대로 흉내 내어 자기 것으로 만들 수는 없다. 자기만의 문맥으로 상황에 맞게 각색하고 변형하고 응용하여 사용할 때 비로소 제대로 기술과 업무 능력을 훔친 것이며, 진정한 자기 것이 된다.

▐▐▐▐ 두 번째 조건, '이미지화하는 힘'

안도 다다오는 걷고 또 걸었다. 날마다 50킬로미터의 거리를 15시간씩 쏟아부어 걷는 강행군이었다. 대학 4년 과정을 1년 동안 매일 아침 9시부터 이튿날 새벽 4시까지 스무 시간 가까이 공부에 몰두하여 독학으로 마친 뒤 떠난 해외여행 길에서의 일이었다. 그는 러시아의 시베리아에서 출발하여 유럽과 아프리카, 아시아의 여러 나라와 도시를 여행하며 날마다 15시간 동안 걸었다. '건축물 탐사 기행'인 셈이었는데, 하나의 건축물을 살펴보고 나면 그 건축물의 특징과 인상적인 점 등을 생각하면서, 다음 건축물이 있는 곳까지 걷고 또 걷는 식이었다. 이는 '이미지화하는 힘'을 기르는 훈련으로, 세계적인 건축물들의 특징과 차별점을 유심히 살펴본 뒤 걷고 또 걸으면서 생각하고 또 생각하며 뇌에 각인하는 생산적인 과정이었다.

> 머릿속으로 건축을 생각하는 연습, 즉 이미지화하는 훈련이 힘든 여행 덕분에 가능했습니다. 그 과정에 계발된 능력은 지금도 내 안에 잠재해 있습니다. 건축을 배우는 일은 독서와 비슷합니다. 책을 읽으며 의미를 이해하고, 그 의미를 곱씹어 생각하며 지식으로 만들 듯 건축도 마찬가지입니다. 한 글자 한 글자 책을 읽듯 건축물을 꼼꼼히 살펴보며 본질과 역할, 특징을 간파하고, 머릿속으로 곱씹으며 살아 있는 건축 지식으로 자기 안에 스며들게 해야 합니다.

위의 인용문은 안도 다다오가 언론 인터뷰에서 한 말이다. 그는 날마다 50킬로미터의 거리를 15시간씩 걸으면서 이미 살펴본 건축물을 머릿속에 떠올리며, 만일 자신이 그 건축물을 설계한다면 어떻게 할지 생각하고 또 생각했다고 한다. 이는 완성품을 보면서 생산 공정을 역산하여 재구성하는 방식인 '리버스 엔지니어링'과 같은 원리다. 이런 맥락에서 다다오가 가진 결과로부터 시작하여 세부 과정을 거슬러 올라가며 '이미지화하는 힘'과 능력이 그를 세계적인 건축가로 키운 원동력이었다.

우리는 세계적인 건축가 안도 다다오에게 '각색하고 응용하는 힘' 외에 또 한 가지 일류 경영자가 갖춰야 할 조건을 배울 수 있다. 그것은 바로 '이미지화하는 힘'이다. 당신이 어떤 분야에서 무슨 일을 하든, 다다오처럼 그 일의 본질에 대해 생각하고 또 생각하라. 마치 리버스 엔지니어링 하듯, 최고의 성과를 낸 제품이나 뛰어난 기술을 역으로 접근하여 당신이라면 어떻게 그 제품을 개발하고 그 기술을 연마할지 궁리하고 또 궁리하라. 이런 식으로 머릿속에 이미지화하는 훈련을 쉼 없이 한다면 당신은 머지않아 유능한 직장인을 넘어 경영자의 반열에 오를 것이며, 평범한 경영자가 아닌 일류 경영자로 인정받게 될 것이다.

│││││ **세 번째 조건, '낭비를 없애는 힘'**

도요타는 낭비 원인을 제거하는 일에 사활을 건다. 이 기업은 생산 원가를 낮추고 가성비를 극대화하는 일을 목표로 잡고, 생산 공정을 끊임없이 개선하며 부족한 점을 보완한다. 제조기업이 낭비를 없애려면 생산 현장으로 달려가야 한다. 현장에서 발견한 낭비 원인을 제거하고, 생산 시스템을 개선한 뒤 현장에 나가보면 그때까지 눈에 띄지 않던 또 다른 낭비 요소와 문제점이 발견된다.

『도요타식 개선력』이라는 책을 보면 "낭비는 매번 다른 형태로 나타난다. 낭비는 생명체처럼 진화한다"라는 문장이 나온다. 끝도 없이 이어지는 '창과 방패의 싸움'을 연상케 한다고 할까. 도요타는 그때마다 또다시 새로운 기준을 세워 문제를 해결하고, 낭비를 없애고, 시스템을 개선한다. 이것이 바로 도요타식 개선법 'KAIZEN'이다.

도요타식 개선법과 낭비 원인 제거 방법 중에 인상적인 내용이 있다. 바로 '부가가치, 즉 이윤을 창출하지 못하는 모든 작업을 낭비 요소로 보아야 한다'라는 지침이다. 예컨대, 도요타는 부품을 찾거나 거래명세서를 작성하는 작업을 낭비 요소로 인식한다. 부가가치를 전혀 창출하지 못하는 작업이기 때문이다. 경영자라면 임직원이 일하느냐 하지 않느냐가 아니라 부가가치와 이윤을 창출하는 일을 하느냐, 즉 돈벌이가 되는 일을 하느냐 그렇지 않으냐를 기준으로 판단해야 한다.

그 연장선에서 최근 도요타를 비롯한 많은 기업이 자기 연봉의 3배 이상 이익을 내지 못하는 직원은 고용할 의미가 없다고 판단한다. 기업을 운영하는 데 막대한 비용이 발생하기 때문이며, 그렇게 하지 않으면 지속해서 성장하기는커녕 생존하기도 어렵기 때문이다.

당신이 경영자라면 '나는 월 급여의 3배에 달하는 수익을 창출하고 있는가?'라고 자신에게 묻고, '그렇다'라고 답할 수 있어야 한다. 그런 다음, '당신은 월 급여의 3배에 달하는 수익을 올리고 있습니까?'라고 임직원들에게 물어야 한다. 그들이 모두 '네, 그렇습니다'라고 대답할 수 있도록 이끌어야 한다. 이것이 바로 일류 경영자가 갖춰야 할 조건이자 핵심역량의 하나다.

▌▌▌ 네 번째 조건, '매뉴얼을 훔치는 힘'

일본에서 '호텔 경영의 신'으로 통하는 구보야마 데쓰오는 한때 맥도날드 매뉴얼을 '훔치고' 싶었다고 고백한 적이 있다. 이는 데쓰오가 프랜차이즈 패스트푸드점을 제대로 공부하기 위해 맥도날드에서 아르바이트할 때의 일이다. 당시 그는 미국 명문 코넬대 호텔경영학과에 지원했다가 불합격의 쓴잔을 마신 뒤 데이코쿠 호텔에서 객실 관리 아르바이트로 일하고 있었다.

구보야마 데쓰오는 왜 맥도날드 매뉴얼을 '훔치고' 싶었다고 말했을까? 여기에서 데쓰오가 말한 '훔치다'라는 개념은 전작 『일류의 조건』에서 내가 강조한 '훔치는 힘'과 일맥상통한다. 그는 셰이크 제조기를 해체해 씻어 말리고, 조리한 뒤 일정 시간이 지난 감자튀김과 햄버거를 전량 폐기 처분하는 등의 조치가 날마다 매뉴얼에 따라 체계적으로 이루어지는 맥도날드 시스템을 접하고 매우 놀란다. 이후 그는 매뉴얼의 나라 미국을, 매뉴얼 기업 맥도날드를 부러워하며 그 매뉴얼을 '훔치고' 싶어 한다.

구보야마 데쓰오가 말한 매뉴얼을 '훔치고' 싶다는 것은 무슨 의미일까? 이는 매뉴얼에 따라 수동적으로 일하는 사람이 아니라 매뉴얼을 개발하고 창조하는 사람이 되고 싶다는 의미다. 매뉴얼을 개발하고 창조하는 사람이 되려면 어떻게 해야 할까? 비유하자면, '나무'와 '숲'을 동시에 볼 수 있어야 한다. 우선 숲을, 즉 매장이 전체적인 관점에서 어떤 원리로 어떻게 운영되는지 꿰고 있어야 한다. 그리고 나무를, 즉 음식 만들기에서 서빙, 셰이크 제조기를 비롯한 여러 기구 사용법과 관리법에 이르기까지 세세한 항목을 빈틈없이 파악하고 있어야 한다.

구보야마 데쓰오에게 '매뉴얼을 훔친다'라는 것은 '매뉴얼을 만드는 사람의 관점에서 생각한다'라는 의미이고, 실제로 매뉴얼을 만들 수 있을 정도로 매장의 모든 것을 완벽하게 숙지한다는 의미다. 프랜차이즈 패스트푸드점에 관한 한 누구에게도 지지 않을 만큼 최고 전문가가 된다는 의미이기도 하다. '매뉴얼

을 훔치는 힘'은 일류 경영자가 갖춰야 할 또 하나의 조건이자
자질이며, 경쟁력이라고 할 수 있다.

IIIⅡ 다섯 번째 조건, '여백을 만드는 힘'

일본 철도는 완벽하게 운행된다. 기관사들은 도쿄 - 신
오사카 구간을 ±5초, 정차 위치를 ±1센티미터의 범위 안에서 운
전할 수 있다고 한다. 그야말로 '완벽하다'라는 표현이 지나치
지 않은 경지다. 그런데 이게 다가 아니다. 동일본의 중앙 본선
중 도쿄 - 다카오 구간은 2분 간격, 시나가와 - 다바타 구간은
2분 30초 간격으로 운행하고, 초고속 열차 신칸센은 5분, 10분
마다 출발하는데 갑작스러운 정차나 충돌사고는 물론이고 연착
되는 일도 없다.

어떻게 이런 일이 가능할까? 철도 전체 운행 시스템이 완벽
하게 구축돼 있어 물 흐르듯 자연스러우면서도 정밀기계처럼
정확하게 작동하기 때문이다. 기관사들이 시간과 속도, 다음 역
까지의 거리를 치밀하게 계산하며 운행하기 때문이기도 하다.

『정시 출발』은 전 세계적으로 비슷한 사례를 찾기 어려울 정
도로 한 치의 오차도 없이 완벽하게 운행되는 일본 철도 시스템
을 소개하는 책이다. 이 책에는 동일본의 중앙 본선 중 시나가

와-다바타 구간을 지칭하는 야마노테센의 기관사가 겪은 일화가 소개된다.

'뭘 하는 거지?' 의아해하며 자세히 살펴보았다. 열차의 정지 위치가 홈 앞쪽에 표시된 흰색 정지선에서 얼마나 벗어났는지를 확인하는 듯했다. 검사 담당자에게는 11량의 열차가 정지선에서 10센티미터나 벗어나서 정차한 것이 마음에 들지 않는 듯했다.

고작 10센티미터의 오차로 까다롭게 굴고 유난을 떤다고 불평하거나 비난할 일이 아니다. 완벽에 가까운 정밀함이 요구되는 기관사에게 '10센티미터'는 큰 숫자다. '1초'도 마찬가지다. 10센티미터의 오차가 허용되고, 1초의 벽이 무너지기 시작하면 철도 시스템 전체에도 영향을 미쳐 악순환의 고리가 만들어진다.

열차 운행표는 단순한 '스케줄'을 크게 뛰어넘는 의미와 가치를 갖는다. 이는 복잡한 철도 시스템의 핵심이라 할 만하다. 그러므로 열차 운행표를 제작하는 과정에 고도의 기술과 정확성이 뒷받침해 주어야 한다. 열차 운행표를 제작하는 상황을 염두에 두고 생각해보자. 예컨대 뜻밖의 사고가 발생했을 때 역과 역 사이의 어느 지점에 열차가 정차하지 않도록 시간표를 짜는 일은 매우 중요하며, 고난도 기술이 요구된다. 전문가들에 따르면, 이는 열차가 서로 충돌하지 않도록 시스템을 구축하는 일과는 차원이 다른 문제라고 한다. 그도 그럴 것이, 한 열차에 문제가 생겼을 때 영향받을 가능성 있는 모든 열차의 움직임을 분석해서 대역 운행표를 만들어두어야 하기 때문이다. 이렇듯 유동성이 큰 열차 운행표는 높은 회복탄력성을 지녀야 한다. 회복탄력성이 떨어지면 예기치 않은 상황에 유연하게 대처하며 안전사고를 예방하거나 문제를 해결하기 어렵다.

회복탄력성 높은 열차 운행표란 어떤 것일까? 한마디로, '여백'이 있는 운행표다. 한데, 무엇이든 틀로 정해지면 사고가 발생했을 때 그 틀 안에 '여백'이 없어서 융통성이 발휘될 가능성이 작아지고 운신의 폭이 좁아질 수밖에 없다. 이는 마치 정밀기계처럼 작은 부품 하나가 망가지면 전부 쓸 수 없게 되는 것과 같은 이치다.

예상치 못한 문제가 언제 어디서든 일어날 수 있는 곳이 삶의 현장이고, 생산 현장이며, 비즈니스 현장이다. 그러므로 현실에서 발생하는 문제를 흡수하여 회복할 수 있도록 프로그램을 짜고 시스템을 구축해야 한다. 그러나 아무리 완벽해 보이는 프로그램이나 시스템도 문제 해결 능력이 약하면 쓸모가 적다. 그 문제 해결 능력은 '여백'과 '융통성'에서 나오는 경우가 많다.

일본 철도청은 열차 운행표에 문제가 발생했을 때를 대비해 대역 운행표를 만들어둔다. 기본 운행표는 원칙이고, 대역 운행표는 융통성이다. 기본 운행표가 채워진 공간이라면 대역 운행표는 채워질 수도 있는 공간, 즉 '여백'인 셈이다. 이 원리를 다른 모든 분야의 실제 업무에도 적용할 수 있다. 당신의 업무에서 '여백'을 만드는 일이 이렇게 중요하다.

'여백'을 만드는 힘'은 일류 경영자가 갖춰야 할 다섯 가지 중 마지막 조건이다. 당신이 일류 경영자를 꿈꾼다면 기본과 원칙에 충실하되 '여백'을 만들고 융통성을 발휘하는 일에 좀 더 집중하기를 바란다.

이 책 『일류 경영자의 조건』은 최근 한국에서 좋은 반응을 얻고 있는 『일류의 조건』의 후속작이자 제2탄 격으로 출간된 책이다. 한국 독자를 위한 프롤로그의 지면을 빌려 『일류의 조건』에 많은 관심과 사랑을 보내준 독자들에게 감사의 말을 전하고 싶다. 더불어, 이 책 『일류 경영자의 조건』에도 특별한 관심과 사랑을 당부드린다.

이 책에는 전작을 뛰어넘는 많은 지혜와 통찰이 담겨 있다고 자부한다. 부족하나마 이 책이 날마다 생산 현장에서, 비즈니스 현장에서, 인생 현장에서 분투하는 당신에게 든든한 징검돌이 되어주기를, 일류 경영자를 꿈꾸는 당신에게 튼튼한 사다리가 되어주기를 바란다.

차례

제1장

최고 대가들이 가진 위대한 힘

제2장

시련은 있어도 좌절은 없다

제3장

핵심을 쥐고 있으면 문제는 해결된다

1. '3'의 이치를 터득하면 글쓰기가 쉬워진다

2. 커뮤니케이션을 돕는 두 가지 유용한 도구

제4장

일 처리 기술이 모든 업무의 중심이다

제5장

유능한 직장인과 일류 경영자를 만드는 11가지 업무 기술

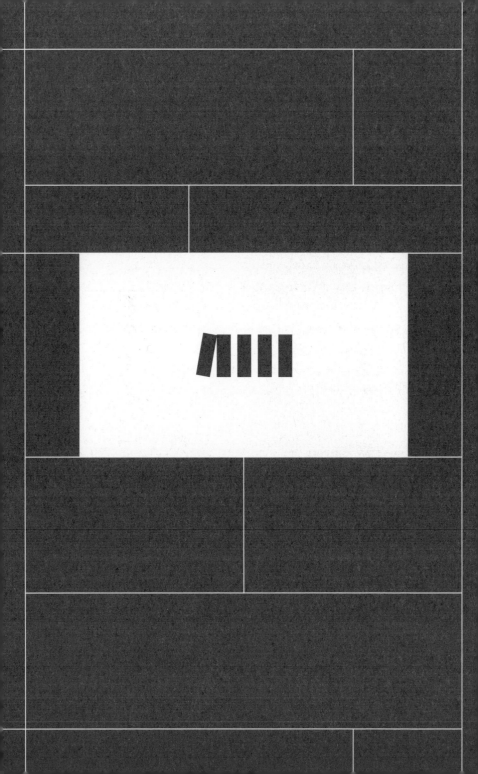

최고 대가들이 가진 위대한 힘

1

위대한 건축가
안도 다다오의
'각색하고 응용하는 힘'

▓▓▓▓ 안도 다다오가 하루 15시간씩, 50킬로미터를 걸으며 건축을 탐구한 이유

세계적인 건축가 안도 다다오安藤忠雄, 1941~는 일 처리 기술이 뛰어난 예술가로 정평이 나 있다. 열네 살 때 그는 건축가가 되기로 결심했는데, 증축 공사를 하는 집주인을 도운 경험이 계기가 되었다고 한다. 이는 《아시히 신문》에 실린 인터뷰 기사에 소개된 내용이다. 다다오는 고등학교 2학년 때 일본에서 가장 유명한 데이코쿠 호텔을 보고 감동했다. 그러나 가정형편 탓에 대학에 진학할 수 없었다. 그는 1년 동안 하루도 빠짐없이 아침 9시부터 다음 날 새벽 4시까지 스무 시간 가까이 공부에 매진하여 대학 4년 과정을 독학으로 마쳤다.

그 후 안도 다다오는 설계 아르바이트를 해서 모든 돈을 가지고 해외여행을 떠났다. 그는 러시아의 시베리아에서 출발하여 유럽과 아프리카의 많은 나라와 도시, 인도, 태국, 필리핀의 여러 도시를 여행하며 날마다 15시간 동안 걸었다. 하나의 건축물을 살펴보고 나면 그 건축물의 특징 등을 생각하면서 다음 건축물이 있는 곳까지 걷고 또 걷는 식이었다. 그는 인간이 지식을 흡수할 수 있는 나이는 35세까지라고 여기며 공부에 몰두했다. 안도 다다오의 열정과 노력이 그를 세계적인 건축가로 만들어 준 원동력이었다. 뇌과학자 등 여러 분야 학자들의 연구 결과에 따르면, 누구나 노력한다면 여든 살까지는 젊은 감각을 유지하며 열정적으로 일할 수 있다고 한다.

안도 다다오는 탁월한 일 처리 기술, 완벽한 인생의 마스터플랜을 가진 사람이다. 건축가답게 그는 기초부터 다졌다. 일 처리 기술에 대해 생각할 때, 건축 분야는 추상적이고 불명확한 면이 있다. 그는 날마다 50킬로미터를 걸으며 건축의 본질과 의미, 역할을 궁리했는데, 걸으면서 생각하고 또 생각한다는 점이 인상적이다. 그는 언론 인터뷰에서 이렇게 말했다.

머릿속으로 건축을 생각하는 훈련이 힘든 여행 덕분에 가능했습니다. 그 과정에 계발된 능력은 지금도 내 안에 잠재해 있습니다. 건축을 배우는 일은 독서와 비슷합니다. 책을 읽으며 의미를 이해하고, 그 의미를 곱씹어 생각하며 지식으로 만들 듯 건축도 마찬가지입니다. 한 글자 한 글자 책을 읽듯 건축물을 꼼꼼히 살펴보며 본질과 역할과 특징을 간파하고, 머릿속으로 곱씹으며 살아 있는 건축 지식인으로 자기 안에 스며들게 해야 합니다. 건축을 제대로 하려면 이것을 해낼 수 있어야 합니다.

세계적인 건축가 안도 다다오의 '머릿속으로 건축을 생각하는 훈련'은 일 처리 기술을 연마하는 방법의 하나다.

업무 능력을 기르고 싶다면 자신이 하는 일을 여러 단계로 나누고 순서를 정하는 일부터 시작하라. 이 과정을 생략한 채 시작하면 좋은 결과를 내기 어렵다. 스포츠 분야도 마찬가지다. 뛰어난 선수는 경기가 시작되기 전 시뮬레이션하듯 몇 가지 상황을 머릿속에 그린다. 테니스 선수가 서브를 넣는 상황을 떠올려보라. 그는 서브를 넣으며 '상대 선수가 받아낸 공이 포핸드로 오면 이렇게 하자' 하는 식으로 시뮬레이션한다. 서브를 넣은 다음, 그린 과정 없이 멍하니 서서 기다리다가는 상대 선수의 공격에 속수무책이 되기 쉽다. 앞으로 일어날 수 있는 상황을 머릿속으로 그리며 시뮬레이션하는 능력은 종이나 컴퓨터 모니터에 그리는 것 이상으로 실천력을 키운다.

안도 다다오는 50킬로미터를 걸어서 이동하면서 이미 살펴본 건축물을 떠올리며, 자신이 그 건축물을 짓는다면 어떻게 할지 단계별 작업을 머릿속에 그렸다고 한다. 리버스 엔지니어링과 같은 원리다. 완성품을 보면서 그 생산 공정을 역산하여 재구성하는 방식이다. 결과로부터 시작하여 세부 과정을 거슬러 올라가며 이미지화하는 건축가의 자질과 역량이 그를 세계적인 건축가로 키운 힘이었다. 경영자와 임직원들이 일하는 능력을 기르기 위해 안도 다다오의 삶과 일에서 배워야 하는 것도 이런 연유에서다.

⫚⫚⫚ 현장과 괴리된 설계는 왜 '건축'으로 이어질 수 없을까

안도 다다오가 일을 할 때 빠뜨리지 않는 것이 '현장과의 생생한 대화'다. 현장을 눈으로 확인하지 않아도 설계할 수는 있다. 그러나 현장과 괴리된 설계는 건축으로 이어질 수 없다.

> 아무런 접점도 없던 곳에서는 그 장소에서 만들어지는 독특한 현실감을 느낄 수 없습니다. 그런 공간(장소)에서는 발상의 힘이 생겨나기 어렵습니다.

『연전연패』라는 책에서 안도 다다오가 한 말이다. 다다오는 현장에 주목하며 '현장과의 대화'를 중시한다. 한 사람을 이해하려면 그와 만나 이야기 나눠야 하듯 건축도 마찬가지다. 도시의 문맥을 이해하려면 그곳에 가서 대화를 나눠야 한다. 같은 도시라 해도 교토와 도쿄가 지니는 도시의 성격은 다르다. 문맥이란 흐름이다. 특정 장소나 도시의 흐름을 피부로 느끼고 싶다면 현장으로 달려가야 한다.

경험이 다져진 영역에서는 머릿속으로 시뮬레이션하는 일이 가능하다. 오감을 사용하여 건축할 장소를 살펴보면 그 땅에 어떤 색깔, 어떤 형태의 건물이 적합할지 판단된다. 문맥을 이해한다는 것은 이런 것이다.

자신이 하는 일을 단속적인 '점點'으로만 보는 사람이 있고, 그 점과 점들이 연결된 '선線'과 '문맥'으로 파악하는 사람이 있다. 일하는 능력을 키우는 측면에서 볼 때 둘의 차이는 클 수밖에 없다. 지금 목표로 하는 일만 보고 일 처리 기술을 연마하면 그것을 달성한 뒤 잠시 만족감을 맛볼 수는 있겠지만 주위 환경을 포함한 많은 요소와 균형을 이루기 어렵다.

일하는 능력을 기르고 싶다면 발품 파는 수고를 아끼지 않고 현장에 가서 조사하고 연구해야 한다. 이런 일이 귀찮기도 하고 비효율적으로 보일 수도 있다. 그러나 멀리 보고 현장을 중시하며 현장과 대화하다 보면 생각하지 못했던 것을 알게 된다. 자신이 조사하고자 했던 것보다 중요한 문맥을 얻을 수도 있다. 이런 이치를 깨친다면 일하는 능력을 키우는 일은 어렵지 않다. 만물이 살아 움직이고 계절이 변화하듯 현장은 움직이고 변화한다. "백문 불여일견百聞 不如一見"이라는 문장이 괜히 만들어진 게 아니다.

처음 도쿄에 왔을 때 어디서, 어떻게 집을 구해야 할지 몰랐다. 선라이즈라는 허울 좋은 이름을 내세웠으나, 아침에만 반짝 해가 드는 어두컴컴한 방에서 지낸 적도 있다. 거주할 집을 구하기 위해 어떤 조건을 유의해서 살펴야 하는지 판단할 기준과 경험이 없었기 때문이다. 최소 10건 이상의 매물을 살펴보았다면 어리석은 선택을 하지는 않았을 것이다. 집을 구할 때 처음에 소개받은 2~3곳을 둘러본 뒤 '이 정도면 됐다' 생각하며 보통 계약한다. 시간을 두고 찾으면 좋은 매물이 나오기 마련이다.

부동산에 관한 꼭 짚을 항목이 열 개 정도 있다면 경험이 적은 사람은 서너 항목만 살펴본다. 현물을 하나하나 살피면서 체크리스트를 늘려가는 것이 부동산 분야에서 일 처리 기술을 연마하는 방법이다.

다섯 번째로 살펴본 집의 구조가 마음에 든다면 그 구조가 생활하기 편리하다는 것을 알게 된다. 좋은 집을 구하기 위한 체크리스트에 한 가지 항목이 추가된다. '햇빛이 잘 드는가'는 또 하나의 기준이 되어 항목이 늘어난다. 발품을 팔아 현장을 다니며 체크 항목을 늘리는 것이 중요하다.

현장에서 얻는 효용과 가치는 더 있다. 외부에서 구조를 갖춘 다음 상황을 조정하는 것이 일하는 능력과 연관돼 있다면 현장을 다니며 감각을 키우는 것은 일하는 능력 자체라고 할 수 있다.

안도 다다오는 자기 건축사무소에서 설계 공모를 하곤 했다.

직원들의 실력을 키우기 위해서였다. 그는 매번 공모에 참여하여 직원들과 선의의 경쟁을 했다. 대개 그의 아이디어가 선정되었는데, 그럴 만한 이유가 있다. 그에게는 다른 직원들이 갖지 못한 유리한 점이 있기 때문이다.

> 어떤 프로젝트든 나는 사무소의 대표로서 고객을 만나고 현장을 찾아갑니다. 다른 직원들의 설계와 내 설계에 차이가 있다면 그 때문입니다. 현장을 눈으로 살피며 주위 환경을 포함한 그곳의 독특한 공기와 분위기를 느끼고 체험한 만큼 스케치의 선 하나하나가 살아 있고 현실감이 담기게 마련이죠. 생각하는 힘, 구상력이란 현실감을 가지고 건축에 임하느냐 그렇지 못하느냐에 따라 달라질 수 있다고 봅니다.

현장을 찾아가 독특한 공기와 분위기를 느끼고 체험한 뒤 설계한다. 이 시점에서 일 처리 기술 연마와 능력 향상이 이루어지기 시작한다. 위에 인용한 안도 다다오의 말은 중요한 의미를 지닌다. 어떤 사람이 제아무리 방대한 양의 데이터를 수집한다고 해도 몸으로 부딪치며 겪은 경험을 당할 수는 없기 때문이다. 현장이 지닌 힘을 깨달으면 당장 사무실을 박차고 나와 현장으로 달려갈 것이고, 고객과 얼굴을 마주하고 앉아 이야기 나누고 싶을 것이다. 이전에는 알지 못했던 것을 배우게 될 뿐 아니라 설계 등 다른 작업에 활용할 수 있다. 건축가가 설계를 시작하기 전 해야 할 일의 순서에 '현장 조사'를 넣고 실천하면 설계 능력을 포함한 건축가로서의 실력이 향상된다.

✦✦✦✦ '각색하고 응용하는 힘'이 가장 잘 발현된 사례 — 다다오의 위대한 건축물, 빛의 교회

글로벌 자동차 제조기업 도요타는 '반값 원가'라는 도전적인 목표를 세우고 실행함으로써 코스트 퍼포먼스를 달성했다. 이처럼 어떤 목표를 어떻게 세우고, 또 실천하는가에 따라 일하는 방식이 달라지고 능력 향상 정도가 달라진다는 점을 주목해야 한다. 일의 진행 과정에서 부분적으로 작은 변화만을 추구할 것인지, 근본적인 문제에 집중하여 발상 자체를 바꿀 것인지에 따라 엄청난 차이가 생긴다는 얘기다.

건축은 다른 어떤 분야보다 주제가 명확한 영역이다. 교토역의 이미지는 '역사와 전통을 자랑하는 대표적인 도시'라는 문맥을 어떻게 담을 것인가, 또 어떤 주제로 어떻게 그것을 담을 것인가와 밀접한 연관성을 지닌다. 건축에서 주제란 이런 것이다. 안도 다다오의 책 『연전연패』는 서양 건축의 주제를 다음과 같이 정의한다.

돌이나 벽돌을 쌓아 올리는 서구 유럽의 건축 양식 역사를 다음과 같이 정의하고 싶습니다. "중력에 대항하여 건축물의 내부 공간에 어떤 방식으로 부피와 부피감을 만들 것인가와 그 부피를 형성하고 부피감을 창출하는 돌로 만들어진 덮개와 건물 외벽에 어떻게 거대한 창을 달아 빛을 효과적으로 흡수할 것인가를 구현하기 위한 도전의 역사였다"라고.

안도 다다오는 스위스의 롱샹성당을 처음 마주했을 때 빛의 장엄한 드라마를 발견한다. 롱샹성당은 유명한 건축가 르코르뷔지에Le Corbusier, 1887~1965가 설계한 건축물이다. 다다오는 '건축물 내부에 빛의 공간을 어떻게 만들 수 있을까?'라는 주제를 정해 일본 도시 오사카의 교외에 빛의 교회를 설계하고 건축했다. 이는 1989년의 일로, 그가 롱샹성당에서 영감을 얻은 결과였다. 빛의 교회는 어두운 예배당 안에 빛의 십자가가 우뚝 서 있는 콘셉트의 매력적인 건축물이다. 르코르뷔지에의 스타일을 모방해 탄생했으나 그만의 창조성이 살아 있다. 주제 면에서 두 건축물은 일맥상통한다.

제가 르코르뷔지에의 롱샹성당에서 배운 것은 형태가 아닌 '빛'의 문제였습니다. 빛을 어떻게 이해하고 활용하는가에 따라 새로운 차원의 건축이 가능할 수 있다는 발견이었지요.

'빛을 이해하고 활용하면 새로운 건축이 가능하다'라는 개념을 안도 다다오는 르코르뷔지에에게 배웠다. '빛의 드라마'라는 주제 면에서 두 사람의 건축물은 공통점이 있다. 그러나 그게 다가 아니다. 다다오가 설계하고 건축한 빛의 교회는 여러 면에서 르코르뷔지에의 롱샹성당과는 다른 콘셉트를 내세운다. 이 책에서 강조하고 싶은 '각색하고 응용하는 힘'이다. 주제를 모방하고 훔쳐 와도 그것을 자기 신체와 감각을 동원하여 표현하면 변형과 응용이 이루어질 수밖에 없다. 안도 다다오는 건축에 변형과 응용의 힘을 활용한다.

> 롱샹성당과 라투레트Sainte Marie de la Tourette 수도원은 관능적이고도 윤택한 빛의 공간을 자랑합니다. 건축가의 본능에 의해 창조된 것으로, 기법화하거나 표준화함으로써 보편적인 것으로 만들 수도, 다른 사람(건축가)과 공유할 수도 없을 만큼 독창적입니다. 르코르뷔지에의 건축물은 그의 육체와 정신에 연결돼 있고 스며들어 있죠. 모방이나 직접 인용을 통해 고도로 정밀하고, 세련되며, 고차원의 감각을 취할 수 있겠다고 여긴다면 욕심이라고 말할 수밖에 없습니다.

주제를 상황과 현실에 맞게 바꾸고 기법을 변형하는 힘은 무언가를 만들 때 중요한 요소가 된다. 어떤 분야든 필수 불가결인 조건이다. 변형하고 응용하는 것 자체가 일 처리 기술, 일하는 능력이 되기 때문이다.

///// **요리 경연 대회에서 식재료를 제한하면 오히려 창조성이 발휘되어 뛰어난 요리가 탄생한다?!**

건축에서 느끼는 재미는 조건이 한정됐다는 점에서 출발한다.

안도 다다오의 말이다. 그의 견해를 자세히 살펴보자.

건축가는 여러 가지 현실 조건과 상황을 헤아리며 해결책을 찾습니다. 그 조건과 상황이란 건축가 개인이 지닌 건축 개념, 지리, 역학, 기술 조건, 법의 규제, 경제 제약 등입니다. 언제나 존재하는 갈등 상황과 녹록지 않은 과정에서 머릿속에 있던 어렴풋한 형태가 구체성을 띠며 완성됩니다.

안도 다다오의 건축 철학과 견해는 일 처리 능력을 키우는 과정에도 적용된다. 자신이 달성하려는 목표나 이상형 등이 머릿속에 있어야 한다. 이것을 배제한 채 일 처리 기술을 연마하고 업무 능력을 갖출 수 있다고 생각한다면 잘못된 판단이다.

여기에는 몇 가지 예상되는 조건과 제약 요소가 있다. 수납을 잘하는 사람을 예로 들어보자. 그의 머릿속에 정리된 이미지가 떠오를 것이다. 여기서 출발하여 하나하나 역산하며 현실에 존재하는 건축물의 조건과 제약을 탐색하고 어떤 방법을 사용할지 연구한다.

두 가지 측면에서 접근해야 한다. 하나는 궁극의 목표나 이상형 같은 것이고, 다른 하나는 그것을 실현하는 데 필요한 조건이다. 양자의 갈등과 화합 속에서 탄생하는 것이 '형태'다.

이런 맥락에서 건축은 '상징'이다. 이상과 현실이 날카롭게 대립하던 시대가 있었다. 갈등과 모순에서 사상이 탄생한다. 일처리 기술과 창조성은 모순되는 개념이 아니다. 그 이상이다. 일처리 기술을 연마함으로써 창조력을 키울 수 있다는 사실을 도요타 사례로 알 수 있다.

건축을 예로 들어보자. 기술 혁신과 환경 보호라는 주제는 대립하기 쉬운 문제다. 현실 차원에서 친환경 건물을 지으려면 최첨단 기술이 있어야 한다. 안도 다다오는 기술 진보와 첨단기술이 친환경 건축 실현을 가능하게 했다고 말한다.

안도 다다오는 컴퓨터 시뮬레이션 등의 첨단기술을 건축에 사용했다. 일본 가옥에 적용되는 바람의 길을 만들고 물을 순환하게 하기 위해서였다. 효율적으로 일하는 능력과 창조력, 친환경 측면은 서로 모순되지 않는다. 그 조건 덕분에 창조성이 살아 있는 뭔가가 만들어질 수 있다고 그는 말한다. 창조력을 높이기 위해 소재를 제한하기도 한다는 점이 흥미롭다.

> 자신이 사용할 수 있는 다양한 방법을 제한하는 기법이 있습니다. 이는 자신의 자유를 스스로 제한하고 절제함으로써 얻는 가능성입니다.

스페인이 낳은 위대한 건축가 안토니 가우디Antoni Gaudí, 1852~1926는 에펠탑으로 상징되듯 철이나 콘크리트 등의 근대 건축 재료가 사용되던 시대에 활약했다. 그는 진부한 재료로 취급되던 돌과 벽돌을 사용하여 카탈루냐 지방의 전통 공법을 적용한 건축을 구현했다. 가우디는 재료, 시역, 기술 측면의 한정된 조건에서 건축함으로써 창조성을 표현했다. 사그라다 파밀리아 대성당 완공은 그 연장선에서 이루어진 위대한 업적이었다.

일반 기업의 업무 처리 과정에도 이 콘셉트는 적용된다. 미래상을 그리는 방법과 소재에서 시작하는 방법 중 하나를 선택할 수 있다. 후자의 방법은 소재를 제한함으로써 복잡한 일을 단순하게 만든다. '내가 가진 도구는 이것뿐!'이라고 전제하면 그 도구로 능률을 올릴 수 있다. 자신이 가진 소재와 도구를 이용하여 능률적으로 일해야 한다.

안도 다다오는 철과 유리와 콘크리트라는 소재를 사용하여

기하학 구조로 건축물을 완성하는 방식을 고수했다. 그는 "누구에게나 열려 있는 소재와 기법을 사용하여 위대한 건축물을 창조하고 싶습니다"라고 말했다. 이는 다른 누구도 아닌 자기 자신에 대한 도전이었다.

재료에 구속되면 건축의 다양성을 추구하기 어려우나, 그 이상의 가치와 의미를 찾는다면 오히려 소재를 제한함으로써 자기 스타일을 확립할 수 있다. 가우디는 사그라다 파밀리아 대성당을 설계하고 건축할 때 이 개념을 적용했다.

소재를 제한하며 몰입하는 식의 일 처리에는 번뜩이는 아이디어가 요구된다. 두 요리사가 요리(일)하는 방식의 차이를 보여주는 TV 프로그램 〈요리의 달인〉을 예로 들어보자. 여기에서는 시간과 소재가 제한된다. 사회자가 "오늘의 주재료는 피망입니다"라고 말한다. 두 요리사는 피망을 사용해서 요리해야 한다. 모든 분야에서 소재를 제한함으로써 참신한 아이디어를 제시할 수 있고 독창성을 보여줄 수 있다. 위대한 건축가 가우디만 그런 것이 아니다.

요리 경연 대회에서 식재료를 제한하지 않는다고 해보자. 누구나 자신이 자주 사용하던 식재료를 선택해 조리하려고 할 것이다. 요리사에게 이는 새로운 일이 아니기에 도전정신이 발휘되지 않는다. 자유롭게 식재료를 사용하면 요리사 사이의 실력 차이를 판별하기도 어렵다.

　'모든 요리에 피망을 사용해야 한다'라는 제한 조건을 붙이기만 해도 다른 결과가 나온다. 전채요리부터 메인요리, 디저트까지 요리 과정에 피망이 지닌 본연의 맛을 살릴 아이디어가 따라주어야 하기 때문이다. 식재료를 피망으로 제한하면 다른 요리와 비교하며 평가하기도 쉬워진다. '부자연스러운 제약'인 셈인데, 그 부자연스러움에 힘입어 참신한 아이디어가 탄생한다. 어떤 분야에서든 진정한 프로라면 시간과 소재가 제한된 조건에서 번뜩이는 아이디어를 떠올릴 수 있어야 한다.

　나는 대학에서 학생을 가르치는데, 강의실에서도 이 방법을 사용한다. 제한된 소재를 사용해 과제를 수행하도록 강의를 진행하면 그들의 의도와 전략, 스타일이 분명해진다. 소재를 제한함으로써 자기만의 아이디어를 구상하고 발전시키는 방법을 터득한다. 이런 강의를 통해 집중 훈련받는 학생은 어떤 스타일이 자기와 맞는지, 자신이 어떤 강점을 가졌는지도 배운다.

모든 강의가 소재를 제한하는 식으로 진행되지는 않는다. 주제와 개념을 정한 뒤 강의를 진행하도록 유도하기도 한다. '어린이에게 독서 능력을 길러주는 방향으로 강의를 준비하라'라는 과제를 내주고 강의할 때도 있다. 독서 능력을 기르기 위해 어떤 재료와 도구를 사용할지, 그림책으로 다가갈지 만화로 다가갈지, 짧은 이야기로 다가갈지 긴 이야기로 다가갈지 등 방법은 다양하다.

'소재를 먼저 제시하고, 그것으로 뭔가를 만들어라', 혹은 '주제와 개념을 다른 사람에게 의지하지 말고 스스로 찾아라' 식의 방법을 사용할 때도 있다. 상황에 맞게 다양한 방법을 사용하다 보면 '강의를 한다는 것이 이런 거구나' 깨닫게 된다.

뭔가를 만드는 것은 먼저 아이디어를 생각하고, 자신이 사용할 수 있는 소재와 비전을 연결하는 '계단'을 놓는 일이다. 어렵지 않다. 훈련한 사람이라면 간단하고 수월하게 받아들일 수도 있다. 자신이 무슨 일을 하는지 모르는 데다 훈련도 하지 않은 사람이라면 시도하기조차 어려울 수도 있다.

주제와 소재를 제한하는 작업을 하다 보면 어떤 방식으로 일해야 하는지 알 수 있다. 차별성도 높아진다. 건축가가 자신에게 익숙한 재료를 사용하는 것은 당연하다. 나무를 사용해서 집을 지어온 사람이 나무를 주재료로 건축하는 것은 자연스럽다. 이 점에서 안도 다다오도 다른 건축가들과 다르지 않다. 그는 자신에게 익숙한 재료인 쇠, 유리, 콘크리트를 사용해 건축하는데, 신체 접촉 빈도가 높은 부분에만 나무를 사용했다. 안도 다다오만의 건축 스타일이다.

작업을 시작하기 전에 소재를 정하면 일하는 방법도, 기술도, 수준도 달라진다. 일 처리 기술을 연마하고 업무 능력을 갖추려면 스스로 제한된 조건을 설정한 뒤 그 제약을 뛰어넘기 위해 집중력을 발휘하며 훈련해야 한다.

2

호텔 경영의 신 구보야마 데쓰오의 '매뉴얼을 훔치는 힘'

IIII 데쓰오는 왜 맥도날드 매뉴얼을 '훔치고' 싶어 했나

호텔 경영·관리 시스템은 일 처리 기술을 연마하고 업무 능력을 개발하기 위해 참고할 만한 좋은 소재다. 호텔을 머릿속에 그리라고 하면 누구나 구체적인 건물의 이미지를 떠올리기 쉽다. 호텔의 본질은 건물 자체가 아니라 인력을 포함한 호텔을 구성하는 많은 요소가 서로 유기적으로 연결되어 구축되는 정교한 메커니즘에 있다. 호텔 화장실을 예로 들어보자. 관리가 허술해서 화장실 청소 매뉴얼 중 하나라도 빠지거나 소홀해지면 호텔의 질과 고객만족도는 떨어질 수밖에 없다. 보일러실도 마찬가지다. 보일러실에서 일하는 사람이 관리 매뉴얼을 따르지 않고 제멋대로 하면 고객의 불만이 쏟아진다. 이런 맥락에서 호텔을 구성하는 많은 요소, 그곳에서 일하는 한 사람 한 사람의 일 처리 능력이 축적되어 전체의 질과 고객 만족도로 이어진다.

『프로젝트 호텔』은 문 닫을 위기에 처한 호텔이 피나는 노력으로 일어서는 과정을 보여준다. 이 책은 호텔이라는 특수한 공간에서 이루어지는 일 처리 기술을 개발하는 과정을 소개한다. 저자 구보야마 데쓰오는 대학생 시절, 유능한 호텔 경영자가 되겠다는 목표를 세웠다. 그는 미국 명문 코넬대학교 호텔경영학과에 지원했으나 불합격의 쓴잔을 마셨다. 학과 시험을 통과하고도 실무 경험이 부족한 탓이었다. 그는 데이코쿠 호텔에서 객실 관리 아르바이트로 일했다. 아르바이트 첫날, 그에게 맡겨진 일은 화장실 청소였다.

구보야먀 데쓰오구는 지금도 화장실 청소만은 누구에게도 지지 않을 자신이 있다고 말한다. 데이코쿠 호텔 객실 관리 부문에서 아르바이트할 때 화장실 청소 방법을 익히고 습관을 들였기 때문이다. 그에게 청소 기술을 가르친 선배는 고무장갑을 끼지 않은 맨손으로 변기를 닦았다고 한다. 고무장갑을 끼면 때가 지워졌는지 알기 어렵지만, 손가락으로 문지르면 알 수 있기 때문이다.

데쓰오는 그곳에서 화장실 청소 기술을 갈고닦았다. 화장실 청소 기술에 숙달하면 화장실에 관한 한 자신감이 생긴다. 여기에 일 처리 기술 연마 비법이 있다. 사람들이 하찮게 여기는 부문(화장실 청소 같은)부터 일 처리 기술을 갈고닦는 것이다.

다음으로 데쓰오가 맡은 일은 객실 청소였다. 여기에도 프로의 기술이 요구된다.

객실에서 청소기를 돌릴 때는 신발을 벗어야 합니다. 뒷걸음치면서 청소기로 먼지를 빨아들입니다. 이렇게 해야 바닥에 발자국을 남기지 않고 청소할 수 있기 때문이지요. 바닥 청소가 끝나면 벽에 걸린 액자나 선반 뒷면 등을 닦습니다. '이런 곳까지 청소해야 하나?' 하는 생각이 들 수도 있습니다. 그런 생각을 누르고 구석구석 빈틈없이 쓸고 닦아야 합니다. 호텔의 대표적인 상품은 객실입니다. 언제라도 고객을 맞을 수 있는 완벽한 상태로 객실을 준비해두어야 하죠. 그 점을 아르바이트 경험을 통해 배웠습니다.

구보야마 데쓰오의 객실 검사는 까다롭고 엄격하다. 검사 과정에 먼지라도 발견되면 처음부터 다시 청소하게 한다.

데쓰오의 공부 열정도 대단했다. 데이코쿠 호텔의 근무 시간은 오후 4시부터 밤 11시까지였다. 나머지 시간의 상당 부분인 아침 7시부터 오후 1시까지 그는 맥도날드에서 아르바이트했다. 프랜차이즈 패스트푸드점을 공부하기 위해서였다. 맥도날드 아르바이트를 통해 미국 프랜차이즈 기업의 매뉴얼을 '훔치고' 싶었다고 그는 고백했다.

데쓰오는 미국 기업이 사용하는 매뉴얼에 놀랐다. 그들은 셰이크 제조기를 날마다 해체한 다음 씻어 말린다. 조리한 뒤 일정 시간이 지난 감자튀김과 햄버거는 폐기 처분한다. 모든 매장

관리가 매뉴얼에 따라 이루어진다. 품질을 유지하기 위한 관리 매뉴얼을 갖춘 덕분이다. 데쓰오가 매뉴얼을 갖추고, 매뉴얼에 따라 기업을 경영하는 미국을 동경하게 된 것은 이때부터였다.

구보야마 데쓰오는 매뉴얼을 개발하는 일에 관심이 많았다. 그는 매뉴얼에 따라 일하는 사람이 아니라 매뉴얼을 창조하는 사람이 되고 싶었다. '매뉴얼의 나라' 미국을 동경한 것도 그래서였다.

매뉴얼에 따라 일하는 사람이 되어서는 안 된다. 프랜차이즈 매장이 어떤 원리로 운영되는지 매뉴얼을 만드는 사람의 관점에서 생각해야 한다. 이것이 '매뉴얼을 훔치는 힘'이다. '일 처리 기술을 훔치는 힘'이기도 하다. 매뉴얼은 경험의 보고이자 지혜의 결정판이다. 매뉴얼을 만든 사람의 관점에서 생각할 수 있는 사람, 매뉴얼을 '훔칠' 수 있는 사람은 구보야마 데쓰오처럼 일류 경영자가 될 잠재력을 가졌다.

▐▐▐▐ 코넬대 호텔경영학과가 미트 사이언스 과목에서 '건축학'을 가르치는 이유

세부 운영 매뉴얼을 모른다면 호텔을 경영할 수 없다. 구보야마 데쓰오는 데이코쿠 호텔에서 실무 경험을 쌓은 뒤 코

넬대학교 호텔경영학과에 입학했다. 이 학과의 강의는 체계적이고 실용적이면서도 합리적이다. 코넬대 호텔경영학과에는 식육 전반을 가르치는 '미트 사이언스Meat Science'라는 과목이 있다. 학생들은 도살장을 찾아가 고기를 사용하고 관리하는 방법을 배운다. 고기의 육질과 지방을 공부한다. 열을 가하면 고기가 어떻게 변하는지, 어떤 요리에 어떤 부위가 적합한지도 터득한다. 강의 시간에 학생들은 실습으로 이론을 배운다. 고기를 자르는 교수의 손놀림을 놓치지 않는다.

재고 관리와 발주, 사용량 예측, 거래명세서 작성법, 재고 조사법, 식자재 관리법 등 전반의 내용을 푸드 코스트 관점에서 공부한다.

이 학과 학생들은 건축학도 배운다. 건물의 강도를 유지하는 데 필요한 시멘트와 모래, 물의 배합을 알기 위한 계산식과 확인 방법을 익힌다. 단열재의 효과를 개선하기 위해 방 온도를 1도 올리는 데 필요한 열량을 계산하는 방법까지 배운다.

호텔, 하면 숙박과 식사 메뉴, 음료 등을 떠올리기 쉽다. 예비 호텔 경영자가 섭렵해야 할 범위는 인간 생활 영역 전반에 이른다. 호텔은 고객의 24시간, 365일을 책임지고 관리해야 하기 때문이다. 다양한 분야를 망라해 이론과 실무를 배우고 경험을 쌓지 못한 경영자라면 돌발 상황에 대응하기 어렵다.

코넬대학교 호텔경영학과 강의에서는 고객을 응대하고 불만 사항을 해결하는 방법도 실습과 토론으로 배운다. 매일 밤 10시 무렵까지 강의가 이어진다. 산더미처럼 과제가 쌓여 있다. 코넬 대 호텔경영학과 교육 시스템은 MBA 과정과 비슷하다. 미국 식 관리 체계의 전형으로 꼽을 만하다. 과정 하나하나가 체계적 이어서 교수진이 모두 일 처리의 달인이라는 생각이 들 정도다. 유익하고도 실용적인 지식을 전수하는 대학이라면 학비가 아깝 다고 생각하는 사람이 드물지 않을까.

구보야마 데쓰오가 데이코쿠 호텔에서 배운 것은 일 처리 기 술을 연마하고 업무 능력을 기르는 과정이다. 코넬대 호텔경영 학과를 졸업한 뒤, 데쓰오는 뉴욕 발도르프 호텔에서 근무했다. 그는 연회 영업을 담당했다. 날마다 아침 8시부터 이튿날 새벽 2시까지 하루 18시간을 일했다. 그 호텔에서는 날마다 아침, 점 심, 저녁, 만찬 등의 연회가 새벽 1시까지 열렸다. 모두 마치면 새벽 2시가 넘는다.

당시 저는 연회 영업 중에서 연회 분석 업무를 담당했습니다. 연회에 참석한 고객, 예산 등을 계산하고 분석해야 했죠. 단순 한 영업 실적만으로 평가받고 인정받을 수 없었어요. 마스터플 랜과 세부 계획을 짜고 메뉴까지 만들어야 했죠. 책을 읽다가 새로운 메뉴를 발견하면 주방장에게 달려가 요리할 수 있는지

묻곤 했어요. 주방장에게 오케이 사인을 받으면 고객을 찾아가 메뉴를 제안했지요.

고된 업무의 연속이었다. 연회 영업, 하면 무슨 일을 하는지 머릿속에 그려지지 않을 것이다. 고객 관리부터 예산 계획, 집행에 이르기까지 전반의 영역을 관리하고 식사 준비까지 신경 써야 한다. 일 처리 기술 없이 해낼 수 있는 업무가 아니다.

고객이 호텔에서 즐겁게 지낼 수 있도록 사전 준비하고, 모든 사항을 점검하고 관리하는 것은 프로의 일이다. 일다운 일에는 그에 맞는 체계가 있다. 그 체계에 맞게 처리하면 일의 흐름이 좋아진다. 업무 체계와 흐름이 좋은 호텔에서 서비스받는 고객의 만족도가 높지 않을 수 없다.

좋은 호텔이란 과연 어떤 호텔일까? 고객이 쾌적한 시간을 보낼 수 있도록 사전작업을 하고, 드러나지 않는 부분까지 점검하고, 효과적인 문제 해결 시스템을 갖춘 호텔이 아닐까. 현관 안내인부터 벨보이, 객실 담당자까지 모든 직원이 고객을 정성스러운 마음으로 대하는 호텔이라면 만족하지 않을 고객이 있을 수 없다. 고객이 어느 직원에게 뭔가를 요청하면 담당자에게 신속하게 메시지가 전달되고 실행된다. 이는 직원의 인성이나 성실성의 문제가 아니다. 호텔 전반의 업무 처리 시스템이 잘 갖춰진 덕분이다.

⫿⫿⫿⫿ 데쓰오는 왜 호텔 일식 레스토랑 과열 문제를 해결하기 위해 '에어컨 모터'가 아닌 '공기 흐름' 문제에 집중했을까

구보야마 데쓰오는 메리어트 호텔의 연금 시스템을 분석하고 개선하는 중요한 프로젝트에 참여한 경험이 있다. 데쓰오는 시스템의 문제점을 낱낱이 밝혀 장점은 살리고 단점은 개선하는 방식으로 개선했다. 그는 언제나 사물과 상황을 높은 곳에서 내려다보듯 넓은 시각으로 조망하고 관찰했다. 데이코쿠 호텔에서 아르바이트하며 화장실 청소법을 배우던 시절부터 몸에 밴 습관이었다. 이것이 일 처리 기술을 연마하고 업무 능력을 기르는 비결이다.

이와 관련한 에피소드가 있다. 구보야마 데쓰오가 하와이의 뉴오타니 호텔에서 근무할 때의 일이다. 호텔 안 일식 레스토랑 주방이 더워 직원들이 개선을 요구했다. 데쓰오가 책임자였다. 그는 주방을 점검했다. 누구나 에어컨 모터에 문제가 있다고 생각하기 쉬운 상황이었다. 데쓰오는 달랐다. 그는 건물 설계도를 찾아 호텔 전반의 공기 흐름을 조사했다. 9층에서 2층으로 일식 레스토랑을 이전할 때 실내 에어컨 공기 흐름을 재설계하지 않았다는 사실을 발견했다. 그는 호텔 내부 공기 흐름을 개선하기 위해 보수 공사를 했다. 호텔의 공기 흐름이 좋아졌고 시원해졌다.

해냈다는 생각에 뿌듯했다. 일식 레스토랑 주방 내부가 덥다는 얘길 듣는 순간, 원인을 에어컨 모터로 한정해서는 안 된다고 생각했다. 호텔 전체의 문제로 받아들여야 했다. 그 연장선에서 중요한 조치를 하고, 문제를 해결했다. 일식 레스토랑 주방 안이 덥다는 문제 앞에서 공기 흐름에 문제가 있다는 데 생각이 미친 걸 보면 나는 호텔 업무와 경영에 적격인 것 같다. 이러한 작은 일들이 늦가을 아름드리나무 아래에 낙엽 쌓이듯 쌓이다 보니 '이 일이 정말 나의 천직이구나!' 하는 생각도 들었다.

모터 문제가 아닌 호텔 전체 공기 순환 문제로 볼 줄 아는 구보야마 데쓰오의 인식과 접근 방식은 천재적이다. 일 처리 기술을 연마하려면 숲을 조망하는 눈을 키워야 한다. 데쓰오처럼 나무(에어컨 모터 문제)에 매몰되지 않고 숲(호텔 내부 공기 흐름 문제)를 보며 판단력을 갖춰야 한다. 숲은 무시한 채 나무에만 집착하는 마니아 유형 직장인은 업무 능력을 키우기 어렵다. 데쓰오는 타고난 호텔 경영자라는 자부심을 가졌다. 화장실 청소부터 시작해 호텔 경영에 필요한 업무 능력을 키워왔기에 가능했다.

구보야마 데쓰오는 홋카이도 원저 호텔 재생 프로젝트에 참여해 이상적인 호텔로 바꿨다. 경영자가 자기 호텔을 최고로 만들고자 한다면 어떻게 해야 할까? 세세한 부분까지 고집과 안목을 가지고 있어야 한다. '생화로 호텔 안을 장식한다', '인터넷을 이용하여 구매 비용을 낮춘다', '계절과 시간대·날씨 등에 맞게 배경음악을 바꾼다' 식이다.

> 호텔 안 온천에서 고객이 사용하는 목욕가운은 소재에 신경 썼습니다. 이집트 면은 섬유가 길어서 촉감이 좋지만, 흡수력 문제가 있습니다. 영국의 호텔 가운은 소재 면에서 최상의 품질을 자랑합니다. 오랜 식민지 정책으로 최고급 면을 공급받을 수 있었기 때문이죠. 저희 호텔은 영국의 호텔 가운을 뛰어넘을 정도는 아니어도 그에 필적할 만한 수준의 면 소재로 가운을 만들었습니다. 그 부드럽고 환상적인 촉감을 느끼시기를 바랍니다.

호텔 경영자가 목욕가운 소재까지 세세히 알고 있다니, 놀라운 일이다. 데쓰오는 호텔을 이용하는 고객 편의를 돕기 위한 물품과 시설 관리에도 관심을 기울였다.

> 남성 고객들이 호텔 면도기를 사용하다가 얼굴을 다치는 일이 발생했습니다. 이튿날 아침 강연회가 있어서 면도해야 하는 상황에서는 호텔 면도기를 쓰기 겁나 개인용 면도기를 챙겨와야 할 정도였지요.
> 안전한 밀착 면도가 가능한 남성용 면도기를 구비하는 일에 신경 썼습니다. 살갗에 닿는 면도날은 밀착 면도가 가능한 제품을

갖추어, 면도하다가 얼굴을 다치는 사고가 발생하지 않도록 조치했습니다. 이런 과정을 거쳐 윈저 호텔은 최상의 면도 서비스를 제공했지요.

구보야마 데쓰오는 침대 스프링에도 관심을 기울였다. 그는 400개의 객실에 비치된 침대를 새것으로 교체했다. 고객이 호텔 침대에서 잠자는 일을 행복하다고 느끼게 해주고 싶어서였다. 시트도 마찬가지다. 가만히 있어도 땀이 흐르는 여름과 으슬으슬 추운 겨울이 오면 계절에 맞는 시트로 교체함으로써 쾌적함을 높였다.

데쓰오는 고객의 호텔 투숙 기간이 길어져도 불편함이 없도록 객실 안에 오픈된 벽장을 설치했다. 미니바에는 캔맥주 대신 병맥주를 넣어두었다. 캔맥주보다는 병맥주가 맛있기도 하고, 술 마시는 기분을 내기에도 좋을 것으로 판단해서였다.

데쓰오는 스프링과 시트, 목욕가운 소재에 이르기까지 세세한 부분도 놓치지 않고 체크하고 관리했다. 이런 일에 관심이 많거나 취미여서가 아니다. 사소해 보이지만 호텔 경영의 중요한 요소라고 판단했기 때문이다. 그가 목욕가운 소재에서 식자재 구매, 시설 관리, 직원 연금 문제에 이르기까지 종합적으로 관리하며 호텔을 경영할 수 있었던 비결이 뭘까? 경영 능력과 일 처리 기술이 갖춰져 있었기 때문이다.

호텔은 쾌적함, 다른 호텔과의 차별점 등을 체험하는 공간이다. 이런 공간일수록 일 처리 기술이 성공의 열쇠다. 신체 내부를 순환하는 혈액처럼, 각종 편의시설부터 다양한 서비스까지 전반의 흐름이 좋아져야 호텔은 제대로 기능한다. 고객에게 쾌적함도 선사할 수 있다. 좋은 호텔은 일 처리 기술의 집대성이다. 이 관점에서 살펴보면 당신이 숙박하는 호텔이 좋은 호텔인지 아닌지 금방 알 수 있다.

호텔은 객실만 살펴도 일 처리 기술의 중요성을 실감한다. 나무와 숲을 동시에 보듯 호텔 전체를 폭넓게 경영하면서 동시에 컵 하나, 시트 한 장, 면도기 하나까지 세심하게 챙겨야 한다. 이런 사람이 경영하고 관리하는 호텔이라면 고객 만족도가 높을 수밖에 없다.

3

일류 자동차기업 도요타의 '낭비를 없애는 힘'

▍▍▍▍ **생산 현장에서 발생하는 낭비 원인을 쉼 없이 제거하고
개선하는 최고 시스템, KAIZEN**

일 처리 능력이 뛰어나다는 것은 무슨 의미일까? 일을 처리하는 기술이 뛰어나서 독보적인 성과를 거둔 사례를 들어 탁월한 업무 능력을 살펴보자. 뛰어난 업무 능력의 의미를 이해한 다음, 그 능력을 기르기 위해 훈련하다 보면 자기 것으로 체화되어 비범한 능력을 갖춘 사람이 된다. 어떤 분야에서든 눈부신 성공 사례를 발견할 때는 업무 능력 관점에서 분석하는 습관을 기르는 것이 중요하다.

『도요타식 개선력』은 세계적 경쟁력을 갖춘 자동차 제조업체 도요타가 생산 원가를 낮추는 일을 목표로 잘못된 점을 고치고 부족한 점을 보완해온 과정을 소개한다. 도요타 생산 방식의 핵심은 현장에서 발견되는 문제를 신속하게 해결하고 효율적으로 일하는 방식으로 바꾸는 데 있다. 낭비 원인을 제거하고 생산 시스템을 개선한 뒤 다시 현장에 나가 보면 그때까지 눈에 띄지

않던 또 다른 낭비 요소와 문제점이 발견된다. 그때마다 변화된 상황에 맞는 새로운 기준을 세워 낭비를 막고 문제를 해결한다. 이것이 도요타식 개선법이다.

개선이 이루어진 내용을 고정화하거나 단속적인 것으로 받아들이면 일시적인 개선으로 끝나기 마련이다. 그러나 도요타식 개선 방법을 적용하면 낭비 요소와 개선할 점은 무한히 생겨난다.

> 낭비는 매번 다른 형태로 나타난다. 낭비는 생명체처럼 진화한다.

『도요타식 개선력』의 내용 일부를 인용한 글이다. 도요타는 낭비를 줄이거나 없애도 형태를 바꿔 발생하는 낭비 원인을 발견하고 개선하는 시스템을 구축했다. 이 시스템을 생산에 적용함으로써 효율적인 공정과 쾌적한 작업 환경을 조성하는 것이 도요타식 개선법이다. 개선改善, improvement의 일본어 발음 '카이젠'이 로마자로 명명되어 전 세계에 알려지고 응용된 방식이 도요타의 'KAIZEN'이다.

업무 처리 방법은 한 번에 만들어지지 않는다. 효과적인 업무 처리 시스템을 구축하고자 한다면 경험을 바탕으로 한 지식이 갖춰져 있어야 한다. 경험에 기반한 지식은 새로운 사물과 상황, 현상을 맞닥뜨릴 때마다 일 처리 기술 개념을 적용함으로써 언어진다.

도요타 공장의 생산 현장으로 눈길을 돌려보자. 업무 시스템에 관한 개념이 없으면 글로벌 기업의 공장조차 초등학생 현장학습 장소보다 나을 게 없다. '이런 방식으로 생산이 이루어지는구나' 선에서 그친다. 도요타식 일 처리·생산 시스템 관점에서 보면 여러 공장의 관리 방식 차이를 알게 된다. 개선 노력을 통해 터득한 것은 살아 있는 경험으로 쌓여 전문 지식이 많아진다.

명화를 감상할 때 화가나 그림에 관한 지식을 갖추는 일은 중요하다. 지식이 명화를 감상하는 일을 방해하는 경우는 없다. 지식이 갖춰져 있고 문맥을 파악한다면 명화를 감상하고 이해하는 데 도움이 된다.

사물을 관찰할 때도 일 처리 기술 개념을 적용하면 이전에 보이지 않던 것들이 보이기 시작한다. 그것이 경험칙經驗則으로 쌓인다. 이렇게 얻은 지식은 맑은 눈으로 맑은 창을 통해 세상을 보듯 분명하기에, 상자 안에 물건을 가지런히 정리하듯 경험을 축적할 수 있다. 이런 과정을 통해 새로 만나는 뭔가를 자기 것으로 만드는 능력이 길러지고 속도도 빨라진다.

도요타식 생산 시스템에도 이 개념이 스며 있다.

모든 기업이 공정을 개선하고 생산성을 높이고자 노력한다. 도요타식 개선은 이 정도에서 멈추지 않고 한 번 적용된 개선 방법을 다른 공장의 생산 라인에 적용한다. 이 과정에서 모든 공장과 생산 라인에 새로운 개선 방법이 적용되지는 않는다. 그것을 그대로 따라 하며 개선하려는 공장도 있고, 창조적인 응용의 단계를 거치며 한 차원 수준을 끌어올린 개선 방법을 고안하는 공장도 있다.

도요타는 효율적인 시스템을 구축하고 전 그룹 차원에서 실천한다. 어느 한 계열사가 업무 처리 방법을 바꾸고 생산 공정을 개선하여 좋은 결과를 얻으면 그 정보는 다른 계열사들로 퍼져 나간다. 다른 계열사들은 그 개선 방법을 그대로 따라 하는 것이 아니라 한층 나은 개선안을 마련하기 위해 머리를 맞댄다. 한 번 시작된 개선이 진화하며 시너지를 창출하고 기업의 경쟁력을 강화한다.

도요타처럼 경쟁력 있는 기업은 한 계열사가 새로운 일 처리 방법을 도입하고 생산 공정 개선을 이루어 업무 흐름이 좋아지면 즉각 다른 계열사·공장·생산 라인으로 전수된다. 똑같은 방법을 무작정 따라 하지는 않는다. 업종 특성에 맞게 조정하고 업그레이드하는 방향으로 활용한다. 이런 식으로 개선안이 나선형으로 상승하며 시너지 효과를 일으키고, 그룹 전체의 경쟁력이 향상된다.

▟▎▎▎ 테니스하던 사람이 탁구를 잘하려면 좁은 탁구대 안에 공을 넣는 훈련을 꾸준히 해야 한다

　　일 처리 기술 요소에 '각색하여 사용하는 힘'이 있다. 일 처리 기술과 업무 능력이란 하나의 영역에만 적용되는 개념이 아니다. 한 가지 일이나 영역에서만 이 능력이 효과를 발휘한다면 활용 범위는 좁아진다. 적극적으로 바꿔서, 새로운 영역에 적용할 수 있어야 한다. 성과를 창출할 수 있어야 한다. 일 처리 기술과 업무 능력을 활용한다는 것은 이런 것이다.

　　나는 『일류의 조건』에서 '흉내 내어 훔치는 힘'의 중요성을 강조했다. 이 힘은 업무 능력과 관련이 깊다. 흉내 내어 훔치는

대상이 일 처리 방법과 업무 능력 자체라고 말해도 될 정도다. 일 처리 방법을 훔친다는 것은 기술을 훔친다는 의미다.

일 처리 기술을 훔칠 때 복사하듯 사용할 수 없다는 점도 중요하다. 자기만의 문맥으로 상황에 맞게 응용할 때 제대로 기술을 훔친 것이다. 다른 사람(혹은 기업)이 가진 일 처리 기술이나 업무 능력을 '각색하여' 자기 것으로 만들 때 자신의 기술과 능력으로 자리 잡는다는 의미다.

신체 운동에 비유해서 생각해보자. 육체의 활동 능력이 문맥이다. 신장, 체중, 근육량, 다양한 운동 경험의 문맥이 쌓여서 몸을 구성한다. 새로운 운동을 시작하려면 자기만의 고유한 각색이 따라주어야 한다. 테니스를 하던 사람이 탁구를 하면 스윙의 폭이 커진다. 탁구를 잘하려면 탁구대라는 좁은 틀 안에 공을 넣는 훈련을 해야 한다.

자기 문맥을 이해하면 일 처리 기술을 연마하고 업무 능력을 키울 수 있다. 다른 사람의 기술을 따라 하지 않고 각색하여 사용한다. 이 수준에 이르면 일은 저절로 풀린다. 창의력도 발휘된다. 도요타 공장의 생산 직원들은 전문가의 도움 없이 기계를 쉽게 고친다.

생산 공정을 개선할 때는 기계 설비를 다루는 능력이 중요하다. 생산 현장에 문제가 발생하거나 개선안이 떠오를 때마다 설비업체 직원을 불러야 한다고 해보자. 시간만 잡아먹고 비용도 많이 들 수밖에 없다. '그날 발생한 문제는 그날 해결한다'가 도요타 개선법의 핵심이다.

교리쓰금속공업 대표이사 사카구치 마사히로는 문과대학 출신이다. 마사히로는 수리공을 부르지 않고 기계나 설비를 직접 고친다. 그는 이렇게 말한다.

"쇠를 자르고 간단한 용접을 할 수 있으면 웬만한 수리는 다 됩니다."

사내에서 기계를 잘 다루는 인재를 양성하는 일은 중요하다. 기계를 사용하기 쉽게 만드는 일도 도요타식 일 처리 기술에 포함된다. 사람들은 기계에 자신을 맞추고 일을 맞춘다. 도요타는 반대다. 도요타는 기계를 생산 공정에 맞춘다. 일일이 새 기계를 사지 않고, 사용하던 기계를 자르고 용접하여 사용하기 쉽게 개선한다. 도요타는 기계를 대하는 자세와 발상부터 다르다.

▥▥ **부가가치를 창출하지 못하는 모든 작업은 낭비 요소다?!**

도요타식 발상은 탁월하다.

부품이 어디에 있는지 찾는 일, 거래명세서를 작성하는 단순 작업이 부가가치를 창출하지는 못하더라도 업무 처리를 위해 필요한 작업이라고 생각하는 사람이 많다. 이런 마인드로는 개선을 이룰 수 없다.

부가가치를 창출하지 못하는 작업은 낭비로 인식되어야 한다는 의미다. 일의 핵심을 찌르는 문장이다. 부품을 찾고 거래명세서를 작성하는 작업은 부가가치를 창출하지 못하더라도 필요한 작업이라고 여겨 스스로 중요한 일을 했다고 생각하기 때문이다. 그 일로 아무 이익도 발생하지 않는다는 점이 문제다. 일을 하고 있는가가 중요한 게 아니다. 돈벌이가 되는 일인가, 부가가치와 이윤을 창출하는 일인가가 중요하다는 얘기다.

기업의 많은 문제가 이 개념을 착각하고 혼동하는 데서 비롯된다. 자신은 열심히 일하고 있다고 누구나 생각한다. 그가 하는 일이 이윤을 창출하는가가 중요하다. 기업은 자기 연봉의 3배 이상 이익을 내지 못하는 직원은 고용할 의미가 없다고 본다. 기업을 운영하는 데는 막대한 비용이 들기 때문이다. 모든 직원은 자기 급여의 3배에 달하는 이윤을 창출하지 못하면 제 몫을 하지 못한 것이다.

'당신은 월 급여의 3배에 달하는 이익을 내고 있는가?'라는 질문을 받았을 때 '네'라고 답할 수 있는 직원이 얼마나 될까? 경영자는 이 질문을 자신에게 먼저 던져야 한다. 그리고 임직원에게도 던져야 한다. 경영자 자신과 임직원 모두 이 질문에 '네'

라고 대답할 수 있도록 이끌어야 한다. 이는 일류 경영자가 갖춰야 할 핵심역량의 하나다.

도요타식 경영 원칙은 위기의식을 느끼는 데서 출발한다. 도요타 시스템에 '납품 기한 엄수'라는 원칙이 있다. 도요타 역시 제품을 대량 생산한 뒤 창고에 보관했다가 그때그때 주문받아 출고하는 방식으로 운영했다. 도요타가 변화를 추구한 이유는 그 방식에 한계를 느꼈기 때문이다. 대량 생산·대량 소비의 패러다임에 혁명적인 변화가 오고 있다.

낭비를 줄이거나 없애는 일은 중요하다. 필요 이상 재고를 쌓아놓는 일이 없어야 한다는 의미다. 날마다 같은 제품을 대량 생산한다고 해보자. 창고에 재고가 늘어 손해를 보기 쉽다.

주문이 없을 때는 생산 준비를 갖추고 기다린다. 주문이 오면 온 힘을 기울여 납품 기한을 맞춘다. 이것이 도요타식 생산 공정이다. 일 처리 기술과 업무 능력이 갖춰져야 가능하다.

도요타의 납품 기한 엄수는 일 처리 능력의 정수를 보여준다. 두 가지 일 처리 방식을 예로 들어보자. 첫째, 필요하지도 않은 제품을 대량 생산해 쌓아놓은 채 이것저것 골라내어 아우르고 종합하는 방식이다. 둘째, 거래처의 긴급 요청에 대응해 필요한 제품만을 생산하는 방식이다. 두 가지 방식은 아이디어 착상 단계부터 전 과정이 다를 수밖에 없다. 도요타는 두 번째 방식으로 생산하되 모든 공정을 효율적으로 소화한다.

글쓰기도 마찬가지다. 글 쓰는 일에 서투른 사람은 덮어놓고 조사부터 시작한다. 제품을 대량 생산하면 어떻게든 사용하게 되겠지, 하는 식이다. 많은 부품이 제품을 만드는 데 사용되지 못하듯, 그러모은 정보나 지식의 파편은 글감이 되지 못한다.

글쓰기에 사용되는 자료나 데이터는 일부에 지나지 않는다. 시간을 들여 자료를 조사한 뒤 많은 일을 했다고 스스로 위안한다. 결국 좋은 글을 쓰지 못했다는 깨달음과 함께 시간과 에너지를 낭비했다는 허무감이 밀려든다. 업무에 서툰 사람일수록 멀리 돌아서 길을 간다. 일 처리 능력을 발휘하지 못한다.

납품 기한이 정해져 있으면 마감일로부터 역산하여 중요한 점을 점검하면 된다. 창고 구석에 쌓인 부품이나 도서관 자료 대신 쓸모 있는 부품이나 자료를 선별해 우선순위에 따라 일해야 한다. 이런 메커니즘으로 일 처리가 이루어지고 제품이 완성된다.

논문을 작성할 때와 제품을 생산할 때의 메커니즘은 동일하다. 이 과정에 낭비를 줄이고 없애는 작업은 생산적이다. 창조적인 작업은 일 처리를 기본으로 하며 이루어진다. 일하는 사람의 머릿속에서 일 처리 구조가 만들어지지 않으면 창조적으로 발전시킬 수 없다.

창조적인 일이란 뭘까? 부가가치를 창출하는 일이다. 제품 생산 과정에서 가치가 창출될 시점에 열정과 에너지를 쏟아야 한다고 말하는 것도 이 맥락에서다. 사전 준비 단계에 애를 쓰고 공을 들여도 생산적인 결과로 이어지지 못하고 가치를 창출하지 못하면 제대로 된 일이라고 할 수 없다.

도요타 생산 방식을 비인간적이며 창조적이지 못하다고 비판하는 이도 있다. 나는 생각이 다르다. 다음의 인용문이 내 생각을 뒷받침한다.

> 일을 잘 해내고 좋은 제품을 생산하려면 낭비를 없애야 한다.
> 열정과 에너지를 창조적인 일에 쏟아야 한다.

도요타 생산 시스템의 근간이다. 목표가 분명하고 일 처리 기술이 갖춰지면 원재료 구매 과정에 발생하기 쉬운 낭비 요소가 사라진다. 불필요한 재고가 감소한다. 시간과 비용 낭비가 줄어드는 만큼 품질을 높이고 납품 기한을 지키는 일에 에너지를 집중할 수 있다.

① 품질을 높인다.
② 제품 납품 기한을 지킨다.
③ 비용을 줄인다.

일 처리 기술이 갖춰지지 않으면 이 3가지가 높은 수준으로 지속되기 어렵다. 이 개념은 다른 일에도 적용된다. 응용력이 생기기 때문이다. '제품 납품 기한 엄수'라는 개념을 분명히 해야 한다. '작업을 언제까지 끝내야 한다'라는 기한을 정하고, 그 안에 마무리하려고 노력하지 않으면 개선되지 않는다. 제품 납품 기한이 정해져 있기에 낭비 요소와 불필요한 작업을 줄일 수 있고 능률을 높일 수 있다.

제품 납품 기한이란 시간제한을 의미한다. 시간제한 없이 이루어지는 작업은 일 처리 기술 개선 과정으로 이어지기 어렵다. 시간제한을 두는 것이 생산 공정을 개선하기 위해 선행되어야 할 과제다.

⫼⫼⫼ 원가 50퍼센트 줄이기가 10~20퍼센트 줄이기보다 오히려 쉬운 절묘한 이유

경영자라면 '코스트 퍼포먼스cost performance'라는 용어를 안다. 퍼포먼스란 어떤 일에 노력을 기울여 거둔 성과이며, 성과를 창출하기 위해 얼마의 비용을 들였는가 하는 비율이다. 막대한 비용을 들여 대단한 성과를 거두려 하기보다 저렴한 비용으로 우수한 성과를 창출하는 방향이 현명하다. 가격 대비 성능 비율, 즉 '가성비'가 중요하다. 일 처리 기술을 개선하고 생산 공

제1장 | 최고 대가들이 가진 위대한 힘

정 수준을 높이고자 노력하는 과정에 제품 품질 향상 못지않게 코스트 퍼포먼스 역시 중요하다는 사실을 명심해야 한다.

'시간과 에너지는 무궁무진하다'라는 명제에 학자들은 집착한다. 한 가지 주제에 20년 넘게 매달리다 보면 훌륭한 학자로 인정받는 풍조가 생겨나는 것도 그래서다. 이런 풍조가 합당하지 않다고 본다. 훌륭한 학자는 느긋할 수 없다. 새로운 주제를 찾아 속도를 높인다. 하나의 주제를 연구하다 보면 감자 줄기에 크고 작은 감자알이 매달려 나오듯 다음 주제, 또 다음 주제가 발견된다. 그 주제를 따라가며 연구하는 데 20년이 소요된다. 한 가지 주제에 집착해 시간을 끌며 보낸 20년이 아니다. 실력을 기르면서 가성비를 높이고, 코스트 퍼포먼스를 올리기 위해 분투한 결과 만들어진 구조이자 메커니즘이다. 창조성이 발휘될 수밖에 없다.

『도요타식 개선력』에서 흥미로운 점은 원가를 기존 비용의 2분의 1로 정한다는 내용이다. 도요타는 10~20퍼센트 원가를 줄이는 선에서 시작한다. 이를 달성하기 위해 세부 방안을 모색하고 강구한다. 10~20퍼센트 원가 줄이기는 녹록하지 않다.

"반값으로 가격을 인하한다고 생각하는 건 어떨까?"

마쓰시타 그룹 창업자 마쓰시타 고노스케松下幸之助, 1894~1989가 30퍼센트 가격 인하를 놓고 고민에 빠진 직원에게 던진 제안이다.

"30퍼센트 인하를 놓고 고민하니까, 찬합 구석을 이쑤시개로 쑤시듯 자잘한 일만 신경 쓰는 거야. 반값으로 정하면 중요한 문제부터 생각해야 하니까 오히려 쉽지!"

이렇게 말한 뒤 그는 '허허' 웃으며 돌아갔다.

고노스케 회장의 문제의식에 공감한다. 그는 소년이 연못에 돌을 던져 파문을 일으키듯 파격적인 '반값' 목표를 정했다. 당연한 것으로 받아들이던 상식에 의문을 던져 해결 실마리를 찾고 돌파구를 마련하고자 했다. 10~20퍼센트 비용 절감을 목표로 잡는다면 핵심에서 비켜난 채 세부 사항에 골몰하게 된다. 원가를 절반으로 줄이려면 원점으로 돌아가야 한다. 고정관념을 깨고 기본 전제를 허물어야 한다. 그 과정에 차원이 다른 시스템이 구축된다. 효율적인 생산 공정도 갖춰진다.

동기 부여는 파격적일수록 좋다. 기업은 개발 부문에 이 문제의식을 적용한다. 일부에 국한된 교체나 각색만으로는 변화와 혁신을 기대하기 어렵다. 경영자는 임직원이 새로운 발상을 하도록 '파문'을 일으켜야 한다. 도전적인 목표를 제시해야 한다. 기업은 그것을 원동력 삼아 존재하지 않던 방법을 찾아내야 한다. 아이디어를 실행에 옮겨 성과를 내야 한다.

일 처리 기술을 연마하려면 도전적인 목표로 동기를 부여해야 한다. 제품 납품 기한도 없고 코스트 퍼포먼스 개념도 없이 일 처리 기술 향상을 꾀한다면 작업이 이루어질 수 없다.

입시 준비, 중간고사·기말고사 시험도 마찬가지다. 시험이 인간성을 훼손한다고 주장하는 사람도 있다. 시험이 부정적인 영향을 미치기만 하는 것은 아니다. 학창 시절 많은 시험을 치른 덕분에 일 처리 기술과 업무 능력이 갖춰진 셈이다.

천재 음악가 모차르트는 완벽주의자였다. 음악을 작곡할 때 그는 일 처리가 빈틈없고 철저했다. 비발디와 바흐도 마찬가지였다. 그들은 경이로울 만큼 방대한 음악을 작곡했다. 일 처리 기술이 없다면 불가능했을 것이다. 그들이 작곡한 많은 음악에 예술혼이 담겨 있다. 일 처리 기술을 갈고닦는 노력이 창조성을 키우는 데 방해된다고 주장하는 사람도 있다. 하나만 알고 둘은 모르는 처사다.

4

잡지《뽀빠이》의
'여백을 만들고
창조성을 발휘하는 힘'

⫻⫻⫻ 《뽀빠이》 편집진이 '비효율적인 일을 피하라'라는 원칙을 깨뜨리는 이유

『증언 구성―뽀빠이의 시대』라는 책에는 일 처리 기술 유형이 소개된다. 이 책은 매거진하우스가 발행하여 1970~80년대에 큰 인기를 누린 젊은 취향 잡지 《뽀빠이$_{popeye}$》에 관해 이야기한다. 1970년대 후반부터 1980년대 초반 무렵은 잡지가 최고 인기를 누리던 시절이었다.

매거진하우스가 《뽀빠이》를 창간할 즈음만 해도 시장조사를 하고 예상 판매 부수를 잡은 뒤 출간 작업에 들어가야 한다는 개념이 없었다.

마케팅 측면을 신경 쓰다 보면 출발이 늦어진다. 중요한 일을 처리할 때 사전 조사에 시간을 들여서는 안 된다. 시간을 들여 사전 조사하다 보면 경쟁사에 뒤처져 손해 보기 쉽기 때문이다. 치밀하게 조사해도 기준이 모호하면 상황을 예측하기 어렵다.

직감에 따라 돌을 던지고, 반응을 살피며 움직이는 것이 낫다.

업무 시스템을 구축하려면 궁리만 하지 말고 움직여야 한다. 일단 경험칙이 만들어지고 경험치가 쌓이면 더 큰 일에 도전할 때도 위험을 줄일 수 있다.

『증언 구성—뽀빠이의 시대』에는 '먼저 돌을 던지는' 방식의 잡지 편집 과정이 소개된다. 다음은 프리 에디터 데라사키 히로시가 인터뷰에서 밝힌 내용이다.

> 인터뷰어: 해외 취재 부문에 정성을 쏟으시는 것 같은데, 이 점에 대해 자세히 소개해주셨으면 합니다.
>
> 데라사키: 정성이라는 말씀은 지나치고요. 다양한 자료를 수집하려고 노력할 따름이죠. 깊이 있는 취재를 하려는 건 아닙니다. 짧은 시간 집중해서 신속하게 끝내는 방식에 가깝죠. 반나절 정도는 잡고 취재해야 하는데, 한두 시간 만에 끝낼 때가 많아요. 사진 몇 장 찍고, 관련 자료 요청해서 받고, '자 이제 다음 장소로 가시죠' 하는 식이죠.
>
> 인터뷰어: 해외 취재할 때 하루 8시간 정도 돌아다니신다고 하던데요?
>
> 데라사키: 취재차 다른 나라에 가면 대부분 사진을 찍습니다. 사진을 잡지 편집에 사용하느냐 사용하지 않느냐는 신경 쓰지 않습니다.…… 《뽀빠이》가 아닌 다른 출판사

잡지 일로 해외에 나가면 편집진이나 카메라맨 모두 서두르지 않습니다. '오늘은 여기와 여기를 취재하면 끝' 하는 식이죠. 힘들게 여기까지 왔는데, 서두르지 말자 하고 생각하는 듯합니다. 시간 여유가 있으면 다음 장소로 이동하는 게 좋지 않을까, 생각할 수도 있겠지만 예정된 일 외에는 하지 않습니다.

인터뷰어: (……) 선별해서 될 일만 하겠다는 거군요.

데라사키: 맞습니다. 그 점이 마음에 들지 않아요. 사진에 담을 것은 많고 시간이 부족하니까 멈추지 않고 촬영했으면 하는데 말이죠.

'효율적으로 촬영한다'라는 원칙을 가지고 일하는 것도 나쁘지 않다. '해외에 나가면 무엇이든 촬영해 온다'라는 원칙이다. 《뽀빠이》는 다른 원칙에 따라 일한다. 《뽀빠이》는 사진을 찍는 현장에서 '쓸 만하다, 쓸 만하지 않다' 식의 판단을 내리지 않는다. 현장에서는 시시해 보이고 가치 없어 보이는 사진도 편집 과정에 기사와 어우러지며 좋은 사진으로 발전할 가능성이 있기 때문이다. 소중한 싹을 잘라버리지 않기 위해 그들은 속도감 있게 움직인다.

보통은 '비효율적인 일을 피하라'가 정석으로 꼽힌다. 《뽀빠이》 스태프진은 이 원칙마저 깨뜨린다. 일 처리 기술치고는 어수선한 느낌도 없지 않지만, 언제든 자유롭게 다녀올 수 없는 해외라는 공간에서 기삿거리를 찾는 과정이라는 점을 고려하면 훌륭한 일 처리 기술이라 할 만하다.

이 책에는 몇 가지 특징이 있다. 지면 위 시선 흐름을 고려해서 편집·디자인해야 한다는 점이 대표적이다. 다음 인용문은 아트디렉터 신타니 마사히로와 인터뷰한 내용이다.

> 인터뷰어: (……) 잡지 《뽀빠이》의 디자인은 지면이 크게 보입니다. 왜 그런 건가요?
>
> 신타니: 독자의 시선 흐름이 자연스럽게 이어지도록 배치하기 때문일 겁니다. 큰 사진을 배치하면 다음은 이렇게 간다, 그다음은 이렇게 간다 식으로 흐름을 만든다고 할까요? 저는 이 방식을 '물이 흐른다'라고 표현합니다. 이번 페이지에서 다음 페이지로 물길을 만들어 흘러가게 하는 거죠. 이런 식의 흐름을 어떻게 만들 것인가가 원칙입니다. 그 흐름이 끊어지지 않게 하고자 노력했어요. 사람들은 이 점을 중요하게 여기지 않는 것 같아요. 아무렇지 않게 흐름을 끊어버리죠. 잡지를 만드는 과정 중 '시선을 잡는 일'이 중요한데 말입니다. 생각해보세요. 페이지를 넘기는데, 시선이 끊어지면 책을 읽는 재미도 떨어지고 답답하지 않겠습니까?

'독자의 시선 흐름이 원활해지도록 편집하고 디자인한다'라는 원칙을 세우면 나머지 작업이 쉬워진다. 《뽀빠이》는 '인체공학적 디자인을 추구한다'라는 원칙에 따라 읽기 편하고 매력적인 잡지로 탄생했다.

또 한 가지 《뽀빠이》의 인상적인 점은 정해진 레이아웃 틀에 콘텐츠를 끼워 넣지 않았다는 점이다. 처음에는 그들도 편의를 위해 레이아웃 틀을 활용했으나 지면이 건조해지고 재미없어지자 사용하지 않게 되었다. 새로 그림 그리듯 흰 종이 위에 레이아웃하여 자유로운 느낌을 극대화하는 일에 몰두했다. 대담하고 거침없는 편집·디자인이라 할 만하다.

▥ **《부르터스》 편집자는 왜 길에서 주운 앨범 사진을 표지 디자인 재료로 사용했나**

『증언 구성—뽀빠이 시대』에는 편집회의에 관한 에피소드도 소개된다. 매거진하우스 편집자 중에는 회의를 싫어하는 이가 많았다고 한다. 그들은 회의실 대신 찻집이나 카페 같은 곳에서 편하게 만나 정보를 공유하고 아이디어를 발전시켰다. 찻집이나 카페를 활용하는 것도 일 처리 기술을 갈고닦는 방법의 하나다. 경직된 분위기의 회의실에서 얼굴을 맞대고 이야기 나누다 보면 서먹해져 참신하지 않은 아이디어만 나오기 쉽다. 찻집이나 카페 같은 공간에서 편하게 만나 이야기 나누다 보면 자유롭게 아이디어를 낼 수 있는 분위기가 만들어진다. 카페나 찻집은 생각 외로 일하기에 적합한 장소다. 시간적으로나 공간적으로 구분 지어지기 때문이 아닐까.

《뽀빠이》의 편집자들은 취재도 하고 원고도 썼다. 그들은 운전해서 다니며 취재하고, 취재가 끝나면 원고도 작성했다. 지금은 달라졌다. 작가가 편집자와 동행하여 취재하며 원고를 쓰는 방식으로 바뀌었다. 편집자가 작가, 운전사, 코디네이터의 1인 3역을 담당하던 시절과 비교하면 큰 변화가 아닐 수 없다. 당시만 해도 기획자가 현장을 찾아다니며 취재하고 원고까지 쓰던 시절이었기에 잡지가 생기가 넘쳐 보이고 역동적이었던 게 아닐까.

일을 분업화하고 효율적으로 나눠 맡는다고 해서 좋은 결과를 얻는 것은 아니다. 기획자는 기본 콘셉트를 이해하는 사람이고 취재원은 세부 내용을 파악하는 사람인데, 한 사람이 기획부터 취재와 원고 작성까지 담당하면 '숲'을 보면서 '나무'까지 보는 셈이다. 변화를 시도하더라도 세분하는 것은 바람직하지 않다. '그 영역의 그 일은 그 사람을 믿고 맡긴다' 하는 정도의 선을 지키며 변화를 추구하는 것이 좋다. 그래서인지 《뽀빠이》에는 참신한 시도가 여럿 발견된다.

제1장 | 최고 대가들이 가진 위대한 힘

《부르터스BRUTUS》는 매거진하우스가 발간하는 다른 잡지다. 이 잡지의 제2호 표지에 거리에서 주운 앨범 사진이 사용되었다. 편집자 한 명이 길을 걷다가 우연히 주워온 앨범 사진이 매력적이어서 표지 재료로 사용하게 되었다고 한다. 잡지의 맨 앞에 "원래 주인은 연락주시기 바랍니다"라는 안내 문구가 실려 있다. 기발한 아이디어 아닌가! 잡지의 콘셉트가 잡히고 일의 진행 방식이 정해지면 내용은 자유롭게 가도 된다.

일 처리 기술을 연마하는 과정에서 주의할 점이 있다. 정해진 틀 안에서 움직이다가 우연한 만남 가능성, 세렌디피티 요소와 긍정성을 잘라내서는 안 된다는 점이다. 《뽀빠이》 편집진은 계획된 곳 이외의 장소도 방문해서 사진 촬영한다. 그 과정에서 예기치 못한 사람을 만나고 기삿거리를 얻는다. 우연한 만남 요소, 세렌디피티의 장점을 편집·디자인에 활용해 콘텐츠를 완성한 근사한 기획이었다. 쓸모 있는 아이디어가 떠오를 가능성이 큰 방향으로 일하는 것이 업무 능력을 기르는 방법이다.

이 전술에는 두 가지가 있다. '공간'을 만드는 일이 첫 번째다. 전체를 채우지 않고 일부를 남겨두는 식으로 체계를 세우는 방법이다. 축구에서도 같은 원리가 적용된다. 경기가 진행되는 동안 사람이 없는 공간을 만들고, 그곳으로 달려가 골로 연결한다. 일 처리 과정에 남겨두는 공간도 비슷하다. 비어 있으니 무엇이든 시도할 수 있다. 노래방에서도 이 원리는 적용된다. 반주만 흘러나오게 하고 노래는 비워둔다. 누구든 기분 내키는 대로 뛰어 들어가 노래 부르며 빈 곳을 채울 수 있도록 유도한다.

빈 곳에도 체계는 필요하다. 빈 곳이 어디인지 알 수 있도록 체계를 세워야 한다. 의도적으로 공간을 만드는 일이다. 축구에서 공격수가 수비수를 끌고 뛰어다니며 활약하는 것과 같다. 철옹성처럼 견고했던 상대 팀 수비 라인이 약해지고, 빈 곳이 만들어진다. 빈 곳으로 공격수 한 명이 번개처럼 치고 들어가 골로 연결시킨다. 공간을 만들고 활용하는 방법이란 이런 것이다.

공간 범위를 확정하는 일이 두 번째 전술이다. 글쓰기에 비유하자면, 다음과 같다. 글을 쓸 분량과 마감일을 정한 다음 '공간'을 확보하며 일정을 잡고 글을 쓰기 시작한다. 전체 방향이 잡히고 틀이 만들어지지 않으면 쓰기 어렵다. '어떤 크기의 사진이 몇 장 정도 들어간다' 하는 방향이 잡히면 여기에 맞게 문장을 쓸 수 있다. 방향도, 틀도, 기준도, 원칙도 없이 마음 가는 대로 글을 쓴다고 해보자. 기사나 글의 분량이 달라지기 때문에 쓰기 어렵다. 체계를 세우면서 빈 곳을 만들어두되 전체 방향과 기준은 정해야 한다.

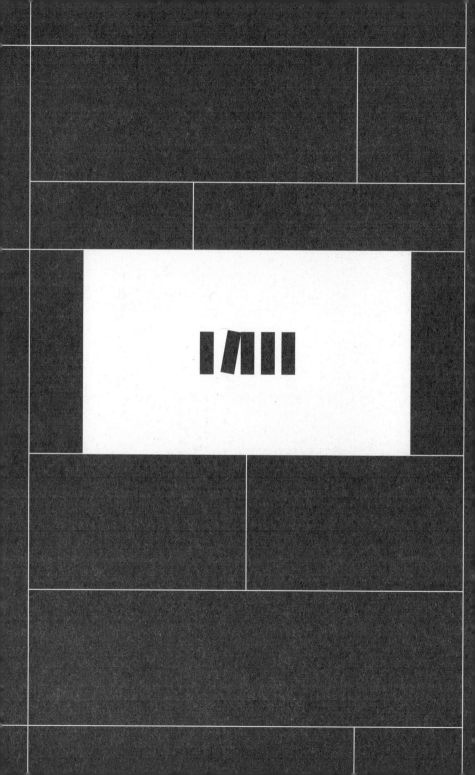

시련은 있어도
좌절은 없다

1

『리타 헤이워드와 쇼생크 탈출』의 주인공 앤디 듀프레인의 '이미지화하는 힘'

주인공 듀프레인은 어떻게 교도관과 죄수라는 종속 관계를 단숨에 역전시켰나

스티븐 킹Stephen King, 1947~ 소설 『리타 헤이워드와 쇼생크 탈출』(1982)은 일 처리 기술을 배울 수 있는 재미있고 유익한 자료다. 원작 소설을 각색하여 영화화한 <쇼생크 탈출>(1994)이 세계적으로 흥행했기에 모르는 사람이 없을 것이다.

주인공 앤디 듀프레인은 30세의 젊은 나이에 은행 부점장이 될 정도로 촉망받는 인물이다. 듀프레인은 아내와 그녀의 내연남을 살해했다는 누명을 쓴 채 종신형을 선고받고 감옥에 갇힌다. 그러나 그는 좌절하지 않고 우여곡절을 겪은 끝에 탈옥에 성공한다. 소설은 듀프레인이 감옥에서 탈출하기까지의 과정을 담고 있다. 이 책에 탈옥의 단계와 방법이 소개된다.

'탈옥'은 출판이나 영화 시장에서 인기 주제 중 하나다. 스티브 맥퀸이 주연한 영화 <대탈주>(1963)는 이 분야의 고전으로, 구멍을 파서 탈옥하는 과정이 흥미진진하게 그려진다. 준비 단

제2장 | 시련은 있어도 좌절은 없다

계부터 시작해서 실행에 이르기까지 철저한 계획에 따라 진행된다는 면에서 '탈옥'은 일 처리 기술과 업무 능력을 효과적으로 보여주는 주제다.

『리타 헤이워드와 쇼생크 탈출』이 주는 재미와 감동은 누명을 쓰고 감옥에 갇힌 주인공이 좌절하지 않고 자기 위상을 높여가는 데서 발견된다. 듀프레인은 금융 분야의 전문성을 살려 교도관들의 투자 문제를 도와준다. 그 연장선에서 그는 교도소 소장의 재정 자문가가 되어 개인 재무 관리 상담을 해줌으로써 교도관과 죄수라는 종속 관계를 역전시킨다. 소설에는 그 관계가 뒤바뀌는 순간이 묘사돼 있다. 듀프레인이 교도관을 위해 무료로 개인 재무 관련 서류를 꾸며주겠다고 제안할 때다.

> "우리가 본 것은 똑같다. 느낀 것도 똑같다. 갑자기 듀프레인이 탁월해졌다."

교도소 안에서 교도관과 죄수의 위상은 하늘과 땅 차이다. 교도관은 허리에 권총을 차고, 손에 곤봉을 들고 돌아다닌다. 그들 뒤에는 동료 교도관과 교도소장, 무소불위의 힘을 가진 권력이 버티고 있다. 이 권력관계가 듀프레인의 수완으로 달라진다. 듀프레인은 남자 대 남자의 일대일 대결에서 교도관을 굴복시킨다. 작가는 "팔씨름에서 팔 힘이 강한 사람이 약한 사람의 팔을 단숨에 테이블 위에 눌러버리듯이……"라고 묘사한다. 교도관은 죄수를 짐승처럼 다룬다. 듀프레인은 자산 관리 지식과 유용한 정보를 교도관에게 제공함으로써 관계를 자신에게 유리하게 만든다. 그는 교도소 내부 도서실 관리를 맡게 된다.

듀프레인은 선임자 브룩스의 업무를 이어받아 감옥 안에서 23년간 사서직을 맡는다. 그는 《리더스 다이제스트》 요약본과 《내셔널 지오그래픽》 시리즈가 꽂힌 작은 방 하나를 교도소 도서관으로 리모델링한다. 그 방은 1922년까지 도료실로 쓰였으므로 그때까지도 송진 냄새가 역하게 나고 환기도 되지 않았다.

듀프레인은 교도소의 생활환경을 개선하기 위해 노력했다. 그는 건의함을 설치하여 죄수들의 관심 사항을 조사했다. 북클럽에 편지를 보내서 특별할인 자격으로 책도 구매했는데, 특히 취미·실용 분야의 책을 많이 확보하려고 노력했다. 교도관과 수감자를 대상으로 세부 관심 사항을 조사하는 과정에 그들이 조각·미술·카드 점 따위 실용 정보와 지식에 목말라 있음을 알게 되었기 때문이다.

듀프레인은 멈추지 않았다. 그는 교도소 도서관 예산에 관한 청원 편지를 써서 주의회에 보내기 시작했다. 기금 지원 요청이 거부당했으나 열 번 찍어 안 넘어가는 나무 없다고, 처음으로 200달러를 받게 되었다. 1960년의 일이다. 주의회는 그 정도 금액을 지원하면 듀프레인이 편지 보내는 일을 그만두리라 생각했다. 착각이었다. '이제야 한쪽 발을 문 안에 들여놓는 데 성공했다'고 여기며 자신감을 얻은 듀프레인은 매주 두 통씩 편지를 써서 주의회에 보냈다.

이 점에 주목해야 한다. 계획대로 일이 진행될 때 멈추거나 속도를 늦추지 않는 게 중요하다. 주의회로부터 200달러를 지원받으면 만족하며 그만두기 쉽다. 듀프레인은 달랐다. 그는 주의회의 문 안으로 한 발을 들여놓은 셈이다. 그는 몸 전체가 들어갈 수 있도록 편지 발송 횟수를 늘린다. 듀프레인의 노력이 열매를 맺어 1962년 주의회는 쇼생크 교도소에 400달러를 지원했다. 그 금액이 늘어나 1971년에는 1,000달러에 달했다.

길이 없는 곳에 길을 만드는 일은 어렵다. 처음에는 막막하고 불가능한 일로 여겨진다. 길의 윤곽이 잡히기 시작하면 그다음부터는 쉽다. 길을 뚜렷하게 만들고 넓혀가면 된다. 길이 없던 곳에 길을 내는 일은 질의 변화를 일으키기까지의 과정이다. 당장은 아무것도 바꾸지 못하는 양의 축적이 질의 변화를 가능하게 한다. 한두 번 주의회에 편지를 써서 보내는 노력으로는 어림도 없다. 인내심을 갖고 매주 중단 없이 편지를 보내야 한다.

1954년부터 1960년까지 7년 동안 주의회는 묵묵부답이었다. 듀프레인은 포기하지 않고 주의회에 편지를 보냈다. 그는 처음으로 200달러의 지원금을 받았다. 1960년 어느 날의 일이다. 7년 동안 듀프레인은 매주 한 통씩 주의회에 편지를 보냈다. 편

1. 『리타 헤이워드와 쇼생크 탈출』의 주인공 앤디 듀프레인의 '이미지화하는 힘'

지 양이 엄청났다. 줄잡아 300통이 넘을 정도였다. 주의회는 100통까지 꿈쩍도 하지 않았다. 200통을 넘어가면서부터는 진저리를 치지 않았을까. 이렇듯 양적 축적 과정이 있은 다음에야 질적 변화가 일어난다.

일 처리 기술을 연마하고 업무 능력을 개발하는 일도 마찬가지다. 언젠가는 자기 안에 질의 변화가 일어나리라 믿고 양의 축적을 해야 한다. 앞이 보이지 않는 짙은 안갯속 같은 상황에서 기울이는 노력은 사람을 지치게 한다. 산 정상을 향해 쉼 없이 바위를 굴려야 하는 『그리스 신화』 속 시시포스를 연상케 한다. 그러나 포기하지 않고 시도하면 질의 변화가 일어난다. 노력을 밑거름 삼아 작은 변화라도 일어나면 충분하다. 시너지 효과가 발생하기 시작한다. 더욱더 노력할 수 있다. 이것이 일 처리 기술을 연마하고 업무 능력을 개발하는 데 필요한 조건이다.

양의 축적이 질의 변화로 이어지는 이치를 '자전거 타기'에 빗대어 생각하자. 애를 써도 안 되다가, 갑자기 자전거를 탈 수 있게 된다. 질의 변화가 일어난 순간이다. 그다음은 어렵지 않다. 자전거를 탈 수 있게 된 순간을 확장하면 된다. 하지 못하는 일과 할 수 있게 된 일은 하늘과 땅 차이다. 처음 자전거를 탈 수 있게 되었을 때 '백 번 중 운 좋게 한 번 탈 수 있게 된 것일 뿐'이라고 생각해서는 안 된다. '이 한 번의 경험을 반복하면 백 번 탈 수 있게 된다'라는 생각으로 바꿔야 한다. 가능성이 생긴다.

일 처리 기술을 연마하기 시작하면 능력으로 자리 잡기까지 갈고닦아야 한다. 일 처리 기술 수준이 달라지기 시작하면 더욱 열심히 단련해야 한다. 이것이 일 처리 기술을 연마하고 업무 능력을 개발하는 일의 A to Z다.

▮⁄▮▮ 1년에 한 방울씩 100만 년 동안 빗물이 콘크리트 블록 위에 떨어진다면?

앤디 듀프레인은 왜 쇼생크 교도소 안에 훌륭한 도서관을 만들기 위해 노력했을까? 교도소 수감자들이 사회에 복귀했을 때 좋은 일자리를 찾아 적응하기를 바랐기 때문이다. 듀프레인은 앞을 내다보았다. 아무리 어려워도 포기하지 않고 주의회에 청원 편지를 보낼 수 있었던 것은 그래서다.

듀프레인은 성과를 바탕으로 도서관을 관리하는 지위를 얻었을 뿐 아니라 자기만의 공간을 확보한다. 교도소장과 교도관을 위한 투자 상담도 지속했기에 교도소 내에서 그의 위치는 확고해졌다.

듀프레인은 섹시한 여배우 포스터를 구해 자기 방 벽에 붙였다. 소설 제목의 '리타 헤이워드'는 포스터 속 주인공 여배우 이름이다. 교도소 안에서 그의 위상이 높았기에 허락된 특권이었다.

그는 왜 교도소 방 안에 섹시한 여배우의 포스터를 붙였을까? 그럴 만한 이유가 있다. 포스터 뒤쪽 벽에 날마다 조금씩 구멍을 뚫기 시작한 것이다.

듀프레인은 인내심이 많은 사람이며, 고난과 역경에 굴하지 않는 인물이다. 그는 실패에 좌절하지 않고 꾸준히 시도하며 주의회의 쇼생크 교도소 도서관 지원금 액수를 올리게 만든다. 동시에 그는 벽을 파내고 구멍을 뚫어 탈옥에 성공한다.

다음 인용문은 주의회에 처음 편지를 쓰기 시작할 때 그가 동료 죄수에게 한 말이다.

> 듀프레인은 특유의 차분한 미소를 지으며 레드에게 물었다. 콘크리트 블록 위에 일 년에 한 번씩 한 방울의 빗물이 떨어진다고 해보죠. 100만 년 동안 지속되면 어떤 일이 일어날 것 같아요?

위의 문장은 듀프레인의 인생철학이자 삶의 방향과 전략을 함축한 표현이다. 단순하다고 생각할 수도 있다. 맞다. 단순하다. 힘은 단순함에서 나온다. 그는 교도소 탈출이라는 목표를 세우고, 벽의 어느 부분을 뚫어야 하수도로 연결되는지 확인한 뒤 전략을 짜고 전술을 마련한다.

듀프레인은 두꺼운 감방 벽을 아무도 모르게 날마다 조금씩 파내어 사람 몸 하나가 빠져나갈 만큼 큰 구멍을 낸다. 그 구멍을 빠져나간 다음, 거대한 하수도관을 천둥소리에 맞춰 돌로 쳐서 구멍을 뚫는다. 하수도관을 기어나가 탈출에 성공한다. 녹록한 일이 아니다. 불가능에 가깝다. 어려운 일을 듀프레인은 조용히 전략을 세운 뒤 서두르지 않고 해낸다. 역경을 극복하고 일처리 기술을 발휘하며 성공을 일군다.

목표를 세우고 달성하는 과정에서 전략을 짜고, 앞으로 벌어질 일을 예측하며, 한발 한발 나아가는 일은 중요하다. 그다음 해야 할 일은 한 방울 한 방울 '물방울 떨어뜨리기'다. 혼신의 힘을 다하다 보면 시간이 걸릴지라도 변화가 일어난다. 『그리스 신화』에 나오는 시시포스의 바위 밀어 올리기처럼 의미 없는 노동이 지속되는 것이 아니다. 뚫리지 않을 것 같던 벽에 구멍이 뚫리고, 희망의 빛이 들어오기 시작한다. 자신이 세운 목표가 달성되리라 믿고 노력할 수 있는 것은 그래서다.

생각 에너지를 낭비하지 않는 것이 일 처리 기술을 개발하는 일에서 놓치지 말아야 할 점이다. 쉼 없이 궁리하는 습관을 기르는 것은 좋은 일이다. 모든 일에서 얻는 것이 있으면 잃는 것도 있는 법. 에너지 소비량이 많아진다. 항상 뭔가를 궁리하는 것처럼 보이는 사람도 쉴 새 없이 뇌를 사용하는 것이 아니다. 무의식의 흐름에 따라 움직일 때가 있다.

벽에 구멍을 뚫는 듀프레인의 행위도 이 맥락에서 이해할 수 있다. 그의 행위가 강력한 의지에 의해서만 진행되는 것처럼 보이기 쉽다. 탈옥의 과정은 듀프레인 자신이 정한 일 처리 방식에 따라 이루어졌다. 듀프레인이 감방 안 벽에 구멍을 뚫을 때 몰입감은 배가된다. 지난한 일은 취미가 된다. 취미가 되면 즐기면서 할 수 있다. 즐기면서 하는 일은 잘할 수 있다. 잘하는 일은 끝까지 밀고 나갈 수 있다.

영화 〈쇼생크 탈출〉의 원작인 스티븐 킹 소설 『리타 헤이워드와 쇼생크 탈출』에도 상징적 에피소드가 등장한다. 듀프레인은 마음이 맞는 늙은 감옥 친구 레드에게 소중한 것을 선물한다. 석영을 깎고 다듬어 만든 물건이다. 작가는 주인공 듀프레인의 강단과 끈기를 이렇게 묘사한다.

> 상자 안에는 정성스레 다듬어진 석영이 두 개 들어 있었다. 둘 다 물결 무늬의 나무 형상이었다.…… 작지만 정교하고 섬세한 예술품을 만드느라 듀프레인은 얼마나 많은 시간과 노력을 쏟았을까? 날마다 그는 소등 후 몇 시간씩 작업했을 것이다. 석영을 잘라 윤곽을 잡는다. 시간과 노력을 들여 깎고, 다듬고, 광을 내고, 마무리 작업을 한다. 듀프레인이 온 정성을 다해 만든 작품을 바라보았다. 심혈을 기울여 창조한 아름다운 뭔가를 보았을 때 누구나 느끼는 감정을 느꼈다. 인간과 다른 동물의 차이

가 이게 아닐까. 석영으로 만든 정교한 예술품을 보면서 다른 감정도 느꼈다. 무서우리만큼 대단한 한 남자의 끈기와 인내에 대한 경외감이었다.

무슨 일이든 목표를 세우고 그 일에 매진하다 보면 리듬감이 생긴다. 시너지 효과가 발생한다. 작업이 수월해지고 능률이 오른다. 마음이 편안해진다. 『리타 헤이워드와 쇼생크 탈출』에 빗대자면, 석영이 빛을 발하며 아름다워지는 순간이다. 마음이 평온해지고 기분이 좋아진다. 취미생활을 즐기는 사람이라면 이 느낌을 이해할 수 있다.

직장 업무도 마찬가지다. 업무에 능숙한 사람에게 세부 작업은 스트레스 요인이 아니다. 오히려 머릿속이 맑아지고 기분이 상쾌해진다. 이 경지에 이르면 업무가 사람을 힘들게 하기는커녕 정신을 안정시키는 진정제 역할을 한다. 미래상이 그려지고 일 처리 기술이 갖춰지면 작업은 단순해진다. 그리고 쉬워진다.

▌▐▌▐ 듀프레인이 교도소 감방 벽에 섹시한 여배우 포스터를 붙인 이유

뭔가 분명한 목표를 세우고 미래상을 선명하게 그리는 일에

는 철저한 사전 준비가 필요하다. 억울하게 살인 누명을 쓰고 기소되어 감방에 가기까지 듀프레인에게는 어느 정도 시간이 있었다. 그동안 그는 자산을 최대한 확보한 뒤 '피터 스티븐'이라는 이름의 가공인물을 만들어 그의 명의로 세금을 납부하고 투자를 했다. 그는 1만 4,000달러로 시작하여 투자금을 37만 7,000달러까지 크게 늘렸다. 그는 왜 절체절명의 상황에서 이런 준비에 시간과 에너지를 쏟았을까? 감옥에서 탈출한 뒤 그 돈으로 멕시코의 작은 호텔을 사들여 남은 생을 여유롭게 즐기며 살겠다는 미래상을 그렸기 때문이다. 절망 속에서 미래상을 그리며 실천하여 목표를 달성한 사람의 감동스토리라 할 만하다. 이 놀라운 이야기는 우리가 일 처리 기술을 연마하고 업무

제2장 | 시련은 있어도 좌절은 없다

능력을 키우는 데 참고할 만한 중요한 실마리를 제공한다. 듀프레인은 의미 있는 말을 독자에게 담담히 들려준다.

> 나는 최선의 결과를 바랐으나 최악의 상황도 예상했어. 피터 스티븐이라는 가명도 내가 가진 얼마 되지 않는 자산을 날리고 싶지 않았기 때문에 지은 거야. 어느 날 갑자기 내 인생을 덮친 쓰나미의 격랑 속에서 나는 자산을 지켜냈어. 처음엔 상상조차 하지 못했지. 그 거센 쓰나미가…… 이토록 오래 지속되리라고는.

소설 속에서 듀프레인은 폭력으로 문제를 해결하려 하지 않는다. 강력한 물리력이 없기 때문이다. 물리적인 힘 대신 그는 명석한 두뇌와 뛰어난 일 처리 기술을 가졌다. 사람들은 듀프레인이 가진 두 가지 힘에 경탄하며 혀를 내두른다. 『리타 헤이워드와 쇼생크 탈출』은 일 처리 기술을 연마하고 업무 능력을 키우는 과정을 보여주는 책이라 할 만하다.

일 처리 기술을 연마하여 업무를 마무리하면 마음이 즐거워진다. 이 이치는 남녀 간 데이트에도 적용된다. 남자의 데이트 기술이 뛰어나면 여성은 감동한다. 이 방면에 문외한이라 잘 모르지만, 데이트 기술이 뛰어난 남자가 여자들에게 인기가 많은 것은 당연하다. 믿음직스럽기 때문이 아닐까.

---

1. 『리타 헤이워드와 쇼생크 탈출』의 주인공 앤디 듀프레인의 '이미지화하는 힘'

데이트하는 동안 남자가 허둥대면 여자는 실망하기 마련이다. '이 남자는 나와의 만남을 준비하지 않았다. 다른 일도 무성의하게 처리하지 않을까? 이런 남자와 결혼해서 살면 내 인생도 별 볼 일 없어질 게 뻔해!'라고 생각할 수밖에 없다.

듀프레인에게는 데이트와 결혼보다 원대한 미래상이 있었다. 그 미래상을 현실로 만들기 위해 분투하는 과정의 인내가 매력으로 자리 잡았다. 어떤 어려움이 닥쳐도 성취하려는 목표와 비전이 그에게 있다. 난관을 딛고 쇼생크 교도소를 탈출한 뒤 멕시코 호텔 부근 해변에서 햇살을 즐기고 싶은 것이다. 그가 교도소 감방 벽에 여배우 포스터를 붙인 것도 그래서였다. 그의 목적은 아름다운 여성이 아니라 포스터의 배경인 해변 풍광이었다.

포스터나 사진처럼 손에 잡힐 듯 선명한 미래상을 가져야 한다. 듀프레인은 몸으로 그것을 증명했다. 초등학생이 구구단표를 외우는 상황을 떠올리자. 아이는 그걸 벽에 붙여두고 완벽하게 기억할 때까지 외우고 또 외운다. 이런 식으로 이미지 훈련을 하다 보면 미래상이 그려진다. 듀프레인은 멕시코 해변에서 남은 생을 보내겠다는 미래상을 그렸으며, 현실로 만들었다.

목표를 세우고 미래상을 그린다. 그리고 실천한다. 두 가지만으로 성공의 길에 들어선 셈이다. 하나 더 있다. '무엇을 위해, 무슨 일을 해야 하는지' 알아야 한다. 이걸 놓치면 성공을 이루기 어렵다.

'무엇을 위해, 무슨 일을 한다'라는 원칙은 일 처리 기술을 연마하고 업무 능력을 기르는 데도 중요하다. 이 원칙 없이 일하면 노력해도 성과를 거두기 어렵다. 수고와 노력이 물거품 되기 쉽다. 나는 지금 무엇을 위해, 무슨 일을 하고 있는가를 가슴에 새기려고 노력해야 한다. 소리 내어 말하는 습관을 들이라고 권하고 싶다. 당신이 경영자라면 임직원에게 다음과 같이 질문을 던지며 자극을 주어야 한다.

"자네는 무엇을 위해 이 일을 하고 있나? 자네의 최종 목표는 무엇이지?"

주의할 점이 있다. 세세한 일에 신경 쓰다가 중요하지 않은 일에 에너지를 낭비하지 않도록 해야 한다. 궁극적으로 무엇을 위해, 구체적으로 무슨 일을 해야 하는지 혼란스러워해서는 안 된다.

2

아폴로 13호의
불가능을 가능케 하는
'창조적 시스템의 힘'

▮▮▮▮ 아폴로 13호가 지구로 무사 귀환한 사건이 우주 개발 역사상
가장 '위대한 실패'로 인정받는 이유

아폴로 13호는 달 착륙을 목표로 휴스턴에서 발사되었
다. 1970년의 일이다. 이후 아폴로 13호는 광막한 우주 공간에
서 사고를 당한다. 우주선의 산소탱크와 연료전지, 전력 공급 라
인에 차질이 빚어지고 물 공급이 끊겼다. 위기 상황에서 우주비
행사들은 지상 관제센터의 통제관들과 소통하고 지혜를 모으며
위기를 극복했다. 그리고 그들은 마침내 지구로 무사히 귀환했
다. 『아폴로 13호, 기적의 생환』은 우주 개발 역사상 가장 '위대
한 실패'를 기록한 흥미로운 책이다.

일 처리 기술과 업무 능력의 사례로 아폴로 13호 무사 귀환 일
화를 드는 이유가 있다. 첫째, 유인우주선으로 달을 탐사한다는
원대한 계획을 달성했기 때문이다. 둘째, 산소와 물과 에너지가
고갈된 위기를 극복하고 지구로 귀환하기까지 우주비행사들과
관제센터 통제관들의 일 처리 기술이 놀랍기 때문이다. 이는 초

인적인 일 처리 기술과 업무 능력이 뒷받침되었기에 가능했다.

일본이 자랑하는 백과사전적 지식인 다치바나 다카시立花隆, 1940~2021가 『아폴로 13호, 기적의 생환』을 번역했다. 역자 서문에서 그는 이렇게 말한다.

> 일본의 유인 우주 기술은 제로에 가깝다. 아폴로 11호가 인류 역사상 최초로 달 착륙에 성공한 지 수십 년이 지났음에도 일본의 우주 과학 기술은 미국 기술의 발밑에도 미치지 못한다. 기술력 차이만이 문제는 아니다. 일본 정부와 과학기술청은 아폴로 계획 같은 원대한 프로젝트를 수행하고 관리할 능력이 없다. 당시 우주선에서 일어난 다양한 위기 상황에 대응할 위기관리 능력도 없다.

인류가 구축한 프로세스 중에서 가장 복잡하고 정교한 프로세스는 무엇일까? 사람이 탄 우주선을 우주 공간으로 쏘아 올렸다가 지구로 귀환시키는 프로세스가 아닐까. 이 시스템과 프로세스에는 방대한 단계가 내재한다. 문제가 발생했을 때를 대비한 시뮬레이션도 갖춰진다.

일상의 문제에 맞닥뜨렸을 때는 매뉴얼에 따라 단계를 밟으며 해결하면 된다. 아폴로 13호 사고 상황의 경우는 차원이 다르다. 이 우주선에서는 예기치 못한 문제가 발생했기에 시뮬레이션에도 없는 일 처리 프로세스를 구축한 뒤 방대한 차례를 만들어야 했다.

지상 관제센터는 우주센터의 데이터가 모이는 장소다. 이곳의 스태프진은 우주비행사 못지않게 우주선에 발생한 문제를 포함한 전체 상황을 한눈에 알 수 있다. 지상 관제센터 스태프진은 위기에 빠진 아폴로 13호를 무사 귀환시키기 위한 시뮬레이션을 만들었다. 순서와 매뉴얼도 재구축했다. 그들은 세부 수칙이 담긴 메시지를 우주선에 보냈다. 우주비행사들은 그 수칙을 지켰다. 일 처리 프로세스를 구축하는 일은 우주비행사보다 지상 관제센터 스태프진에게 더 중요한 임무다. 우주선이 지구로 귀환할 수 있는지가 지상 관제센터 스태프진의 판단력과 일 처리 기술에 달려 있다고 해도 지나치지 않다.

차례와 행동 수칙이 담긴 메시지를 전달받은 우주비행사들은 지쳐 있었다. 그들은 실수를 범하지 않도록 중요한 숙지사항을 종이에 쓴 다음 큰 소리로 복창하며 수행했다.

우주비행사에게 메시지를 보낼 때 중요한 요소는 '정확성'이다. 더 중요한 것은 없다. 매팅리는 큰 소리로 수칙을 읽으면서 기진맥진한 스와이거트가 체크리스트를 실수 없이 베껴 쓸 수 있도록 신경 썼다. 매팅리는 읽는 속도를 늦췄다. 한 줄 한 줄 또박또박 읽고, 한 줄 읽기를 마칠 때마다 여유를 두어 스와이거트가 복창하기를 기다렸다.

그들이 "오케이", "오케이" 하고 서로 확인하며 행동 수칙을 읽는 데 3시간이 걸렸다. 소리 내어 복창하는 단순한 방식으로 최첨단 기술의 우주선을 조종했다는 사실이 흥미롭다.

아폴로 13호 무사 귀환 에피소드 중 재미있는 점이 하나 더 있다. 우주비행사들이 스위치를 잘못 누르는 일이 없도록 중요한 스위치마다 붉은색 큰 글씨로 'NO'라고 써서 붙여둔 점이다. 아폴로 13호는 착륙선을 분리하는 스위치가 지원선을 분리하는 스위치 옆에 있었다. 지원선을 분리할 때 스위치를 잘못

제2장 | 시련은 있어도 좌절은 없다

누르면 우주비행사들이 탄 착륙선이 분리되어 우주 공간으로 날아갈 위험이 있다는 의미였다. 만일의 사태에 대비하는 차원에서 붉은색 큰 글씨로 'NO'라고 쓴 종이를 붙여둔 것은 그래서였다. 여기서도 가장 단순한 방법을 사용한 점이 인상적이다.

아폴로 13호는 전기 장치와 산소 공급 시스템이 고장 난 상태에서 지구로 귀환해야 했다. 이 과정에서 복잡한 프로세스와 정교한 일 처리 기술이 필요했다. 지상 관제센터 스태프진은 몇 개의 차트를 만들었다. 원 시뮬레이션에는 없는 수칙이었다. 이는 우주비행사들이 실수하지 않게 하려는 배려 차원이었다.

> 출력을 올리는 순서는 복잡하다. 어떤 작업을 할 때는 ON 상태로 두어야 하는 스위치를 다른 작업에서는 OFF로 해두어야 하는 식이었다. 발진 시 해두어야 하는 스위치의 ON/OFF 상태가 관제센터로부터 스와이거트에게 보내졌다. 이날 정각 오전 9시의 상황이다. 지상 관제센터의 스태프진이 손에 들고 있는 차트에 ON/OFF 상태가 인쇄돼 있었다. 그들은 이것을 '스퀘어 배열'이라고 불렀다. 여러 개의 체크리스트를 작성할 때는 이 배열을 참고했다.

지상 관제센터 스태프진은 기본 차트를 만들었고, 다른 복잡한 배열과 병행해 차례를 적어넣었다. 차트로 만들어 도식화하는 작업은 중요한 프로세스다. 문장이나 말로 대신하면 장황해지기 쉽다. 무슨 일을 해야 하고 하지 말아야 하는지 구분되지 않는다. 말로 듣거나 문장으로 볼 때는 이해되다가도 실행하려 하면 혼동된다. 사람 행동이 아날로그가 아닌 디지털로 이루어지기 때문이다. 중요한 것은 버튼을 누를 것인가 말 것인가다. 즉, 스위치를 ON으로 켜둘 것인가 OFF로 꺼둘 것인가다. 할 일은 분명한데, 지침이 두서없거나 장황하면 앞뒤 문맥이 통하지 않는다. 실행자가 수행해야 할 프로세스가 스무 단계나 서른 단계쯤 되면 기억하기도 어렵다.

차트로 만들어 세부 항목을 구분하면 알아볼 수 있다. 중요한 내용을 도식화해서 할 일을 인식하고 실행하는 방법이다. 도식화하는 능력은 일 처리 기술의 근간을 이루는 요소다. 어떤 분야에 종사하든 프로세스를 구축할 수만 있다면 도식화도 가능하다.

▮▮▮▮ 에런의 '짚 인형 스케줄'이 없었다면 아폴로 13호 무사 귀환도 없었다?!

존 에런John Aaron, 1943~과 지상 관제센터 스태프진은 차트를 사용해 '짚 인형 스케줄'을 만들었다. 스케줄표의 이름 '짚 인형 스케줄'은 '돌에 부딪혀도 끄떡없는 것'이라는 의미다. 짚 인형 스케줄에 따르면, 작업에 들어가기 직전 전력을 조정하고 배분하는 것이 최우선 과제였다. 우주선 어느 부분의 출력을 언제 올릴지, 지원선과 착륙선을 언제 분리할지, 이 작업에 어느 정도의 전력을 배분하고 공급할 것인지가 짚 인형 스케줄에 들어 있었다.

그들은 원안을 만든 다음 세부 사항을 추가했다. 그 원안을 '짚 인형 스케줄'로 부른 점이 인상적이다. 일본에서는 짚 인형을 '머리가 빈 사람', '머리가 몹시 나쁜 사람'을 의미하는 말로 사용한다. 아폴로 13호 사례에 사용되는 짚 인형은 '전체 스케줄'이라는 의미다.

에런의 짚 인형 스케줄은 자유자재로 변경할 수 있게 짜여 있었다. 세부 사항은 빠진 전체 윤곽만을 담은 형식으로 돼 있기에 가능했다. 이 스케줄표는 지상 관제센터의 스태프진이 체크리스트를 적어넣으며 일할 수 있도록 틀의 역할을 했다.

'어디까지 하면, 중도에 그만두어도 퇴보하지 않을까?' 무슨 일을 하든 반드시 확인해야 하는 체크포인트다. 길게 늘어났다가 원래 상태로 돌아가는 용수철처럼, 처음 상태로 퇴보하지 않으려면 어떻게 해야 할까? 잠시 잊고 다른 일을 하다가 되돌아와 다음 단계 작업에 곧바로 돌입할 수 있을까? 이 두 가지가 체크포인트다. 일에 빠져서 열정적으로 이야기할 때는 정리해두지 않아도 언제든 다시 시작할 수 있다. 몰입감과 긴장감이 높아져 있기 때문이다. 그러나 6개월 정도 방치하면 원점으로 돌아간다.

한때 정성을 들이고 열정을 쏟았던 일이 원점으로 돌아가기 전 구체적인 형태로 만들어야 한다. 일목요연하게 차트화하는 작업이다. 이 단계에서는 일의 순서를 자세히 적어두는 것이 좋다. 책을 펴내기 위해 글 쓰는 일에 빗대어보자. 장章을 나누는 단계까지만 정리했다면 시간이 지남에 따라 윤곽이 흐려질 것이다. 장 속 세부 항목까지 만들면 불가피한 일로 멈췄다가 6개월, 혹은 1년이 지나서 다시 시작해도 막막하지 않다. 다음 단계로 나아갈 수 있다.

▌▞▐▐ 아폴로 13호를 구한 두 가지 기발한 아이디어, '우주 재채기'와 '스타 체크'

아폴로 13호 우주비행사들은 다양한 아이디어를 동원해 절체절명의 비상사태에 지혜롭게 대응했다. 그 절정은 지구 대기권에 돌입하는 상황이었다. 당시 그들은 우주선에 탑재된 달 착륙선을 분리해야만 했다. 그러나 뭔가 다른 방법을 사용할 수밖에 없었다. 왜냐하면 지원선을 떼어버렸기 때문이다. 이때

제2장 | 시련은 있어도 좌절은 없다

그들이 사용한 방법이 기발하다.

착륙선과 사령선 해치를 닫으면 양쪽을 연결하는 터널에 선실과 같은 기압의 공기가 채워진다. 이때 도킹 기구를 기압의 공기가 채운다. 도킹 기구를 해제하면 '우주 재채기' 같은 현상이 일어나는데, 터널 안 공기압의 압력을 받아 두 개의 모듈이 분리된다. 러셀은 이 아이디어가 마음에 들었다.

'우주 재채기'라는 것이 재미있다. 신선한 아이디어가 아닐 수 없다. 기존 프로세스에 문제가 생겼을 때는 기발한 아이디어로 새로운 프로세스를 구축해야 한다. 아폴로 13호의 사례에서는 기발한 아이디어가 등장한다. 물 부족 사태에 대한 대응이 그 사례 중 하나다.

지상 관제센터의 한 시스템 전문 기술자가 물이 채워진 모관毛管으로 꿰매졌다는 사실을 떠올렸다. 우주복 발뒤꿈치 부분을 칼로 자르면 가죽 자루에 담긴 와인을 조금씩 마시듯, 그 물을 마실 수 있었다.

우주비행사들은 이 아이디어를 실행에 옮기지는 않았다. 그 정도로 상황이 절박하지는 않았기 때문이다. 우주복은 만일의 사태에 대비해 식수 문제를 해결할 수 있도록 만들어졌다는 점이 주목할 만하다.

우주비행사들이 자기 위치를 확인하는 방법도 재미있다. '스타 체크'라는 방법이다. 컴퓨터 같은 기계 장치를 사용할 수 없는 상황에서 특정 별을 기준으로 위치를 알아내는 묘책이다. 아폴로 13호가 지구 가까이 접근했을 때, 그 별이 보이지 않는 위치에 있었다. 우주비행사들은 지구가 밝은 쪽과 어두운 쪽으로 나뉘는 '명암 경계선'을 이용하여 각도기 같은 것을 대고 자기 위치를 확인했다. 아폴로 8호가 겪은 비상사태 때 사용한 방법이다. 아폴로 13호의 우주비행사들은 만일의 사태에 대비해 시뮬레이션을 만들어두었다. 그것을 사용하게 되리라고는 꿈에도 생각하지 못했다고 한다. 충분히 훈련한 덕분에 문제가 발생했을 때 그들은 자기 위치를 파악할 수 있었다. 육분의六分儀(천구상의 두 점 간 각도를 재는 기계―옮긴이)를 사용해 별의 관측데이터와 실제 위치를 계산한 결과, 오차가 거의 없었다고 한다. 놀라운 일이 아닐 수 없다.

아폴로 13호 사례에서 우리는 뛰어난 일 처리 기술을 발견할수 있다. 지상 관제센터 스태프진은 우주선에 문제가 발생했을 때를 대비하여 시뮬레이션을 만들고 프로세스를 구축한다. 우주비행사에게 수칙을 전달할 때는 차트를 사용한다. 이 과정에 실수가 생기지 않는다. 프로세스를 확인하고 또 확인하며 작업하기 때문이다. 지상 관제센터 스태프진이 고민과 토론, 훈련을 거쳐 프로세스를 구축하지 않았다면 아폴로 13호는 지구로 귀환하지 못했을지 모른다.

복잡한 프로세스를 차트로 만들 수 있게 되기까지 문제 해결에 접근해가는 것, 이것이 일 처리 기술을 개발하고 연마하는 방법이다.

3

스포츠 선수들의
초인적인 노력으로
'승리를 거머쥐는 힘'

┃/┃┃ "끈의 구멍 위치를 영 점 몇 밀리미터 옮겼어요"

어느 잡지사의 청탁을 받고 스피드 스케이트 선수 시미즈 히로야스淸水宏保, 1974~와 인터뷰했다.

"히로야스 선수는 무엇을 위해, 무슨 일을 하시나요?"

내가 물었다. 그는 초등학교 때부터 자신이 무엇을 위해, 무슨 일을 해야 하는지 명확히 알았다고 대답했다.

히로야스 선수는 허리의 특정 부위 감각을 사용하면 경쟁 선수보다 빠르게 미끄러질 수 있다고 말했다. 허리의 특정 부위는 '장요근腸腰筋'을 의미하는 것으로 추정된다. 당시 누구도 이 점을 지적하지 않았다. 의사도 예외는 아니었다. 히로야스는 감각을 예민하게 만든 후, 피나는 훈련을 했다.

초등학생 시절부터 그는 훈련 내용을 계획해 실행에 옮겼다. '나는 신체의 어느 부분을, 무엇 때문에 단련하려 하는가?'라는 문제의식을 느끼고 있었다. 그랬기에 가능한 일이었다.

누군가가 시키는 대로 훈련하면 근육이야 생기겠지만, 근육을 어떻게 사용하여 목표를 달성할지는 알 수 없다. 운동 기구를 사용한 기초체력 훈련도 마찬가지다. 스피드 스케이팅에 응용하는 회로가 갖춰져 있지 않으면 소용없다. 어느 신체 부위를 어떻게 사용해야 하고, 어떻게 서로 연결하여 스케이팅에 활용하는지 알기 어렵다. 이는 부품을 만들어놓고, 눈대중으로 대충 골라 기계에 끼워 맞춰 작동하는 것과 다를 바 없다. 기계의 작동 원리를 이해한 뒤, 어느 부분에 어떤 부품을 사용할지 정하는 것과 같은 이치다. 같은 훈련을 해도 어떤 근육을 어떻게 사용할지 생각하며 훈련하는 사람과 시간 때우는 식으로 훈련하는 사람은 하늘과 땅만큼 차이가 난다.

전문가들은 스트레칭이나 근육 강화 훈련이 특정 부분을 예민하게 의식하는 습관을 들이기만 해도 효과를 볼 수 있다고 말한다. 히로야스의 신체 감각도 그렇게 단련된 것으로 보인다. 『신의 육체 시미즈 히로야스』는 히로야스의 솔트레이크시티 올림픽 경기를 기록한 책이다. 이 책을 읽으면 무서우리만치 날카로운 그의 감각에 혀를 내두르게 된다. 그는 이렇게 말한다.

> 경기 중에 목걸이 따위 액세서리를 한 선수들을 봅니다. '저런 것을 목에 걸치고도 무겁게 느껴지지 않나?' 생각하죠. 훈련할 때는 저도 가끔 액세서리를 걸치지만, 정식 경기 때는 하지 않아요. 1밀리그램밖에 나가지 않는 액세서리라고 해도 코너를

돌 땐 무겁게 느껴지거든요.

　이게 다가 아니다. "스케이트 신발 끈은 사용한 지 5일째 되는 것이 가장 잘 조여집니다"라거나 "끈의 구멍 위치를 영 점 몇 밀리미터 옮겼어요" 하는 식으로 그는 근육을 날카롭게 의식하고 단련하는 습관을 들였다.

　　인간이 인식하지 못하는 근육이 많이 있어요. 장기를 감싸는 장요근도 그중 하나일 겁니다. 사람들은 이런 근육의 존재를 인식하지 못하기에 단련할 수 없다고 생각하는 듯합니다. 그렇지 않아요. 눈으로 볼 수 없는 근육에 날마다, 순간순간 의식을 집중하는 습관을 들이고 훈련하면 단련할 수 있거든요.…… 이런 식으로 단련하기 시작하면 근섬유가 두꺼워지는 것을 느끼고 근육의 변화를 간파합니다.

이 과정을 거치면서 섬세한 감각이 길러진다. 히로야스는 마사지 받을 때 마사지사에게 "그쪽, 근섬유 옆의 안쪽" 하는 식으로 주문한다. 어떻게 이토록 세밀하게 지각하는 것이 가능할까? 분명한 문제의식과 피나는 훈련이 뒷받침된다면 가능하다. 히로야스의 사례가 이를 방증한다. 그는 근육을 섬세하게 단련하는 프로그램을 만들어 평상시 훈련에 도입했다. 그리고 반복 훈련함으로써 누구도 흉내 낼 수 없는 기술로 완성했다.

히로야스는 자신이 평소 훈련하는 모습을 보며 게으름 피우는 것으로 오해하는 사람이 많았다는 얘기도 들려주었다. 세부 근육을 단련할 때는 그림처럼 조용히, 특정 신체 부위를 눈과 손으로 확인하고 세밀한 감각을 느끼며 움직이는데, 다른 근육은 모두 쉬기 때문이다. 사정을 모르는 남들의 눈에 그가 훈련을 게을리하는 것처럼 보이기 쉬운 것도 그래서다.

▮▰▮▮ "근육은 영리하고 뻔뻔하다"라는 말의 의미

"근육은 영리하고 뻔뻔하다."

히로야스가 한 말이다. 그는 매년 몇 명씩 마사지사와 전문

트레이너를 교체한다. 같은 사람이 계속 담당하면 그의 마사지나 트레이닝 특징을 영악한 근육이 외워버려 운동 효과가 떨어지기 때문이란다.

근육이란 녀석은 무척 영리합니다. 그리고 뻔뻔하죠. 몇 차례 부하(負荷, 대사 기능을 검사하기 위해 물질을 투여하는 방법. 어떤 물질을 충분히 투여하여 피검자가 가진 그 물질에 대한 대사 능력을 시험하는 방법을 의미한다_옮긴이)를 시행하면 근섬유 안의 지각 신경이 빠르게 학습하여 별다른 변화가 일어나지 않게 됩니다. 매년 트레이닝 프로그램을 적절히 바꿔야 하는 것은 그래서죠. 자기 자신에게 만족하여 늘 하던 방식을 고수하는 것이 운동선수가 피해야 할 치명적인 실수 중 하나입니다. 선수들이 지독한 슬럼프에 빠지곤 하는 것은 이런 매너리즘 때문이 아닌가 싶습니다. 새로운 일에 도전하면 자신감이 붙고 리듬이 살아나죠. 트레이닝의 중요한 요소는 자기 의지와 노력으로 해냈다는 자신감입니다.

히로야스는 자신이 세계 신기록을 경신했을 때의 일화를 들려주었다. 그는 그 경기에서 승리하고 싶지 않았다고 밝혔다. 경기에서 이기면 다음 경기를 위해 원정 가야 했기 때문이다. 그는 그 정도 성과로 시즌을 마무리하고 싶었고, 전의를 불태우지 않았다고 한다.

히로야스는 실제 경기를 훈련 삼아 새로운 도전을 하기로 마음먹었다. 그때까지 해온 근육 강화 훈련을 바꿔 새로운 방법을 시도한 것이다. 그는 속도가 나지 않게 의식적으로 게으름 피우면서 얼음을 지쳤다. 그러자 신기하게도, 반복해서 트랙을 돌면 돌수록 컨디션이 좋아지는 것을 느꼈다. 그는 무리하지 않기 위해 80퍼센트 정도의 스피드만 유지하려고 했다. 그런데 경기 중반 100미터 기록이 너무 좋았다. 그때부터 '일단 최선을 다해보자'라는 마음으로 전력 질주했고, 세계 신기록 경신으로 이어졌다.

히로야스의 "근육은 영리하고 뻔뻔하다"라는 말은 곱씹어볼 만하다. 날마다 같은 자극을 받고 자극에 익숙해지면 최선의 전략으로 여겼던 방법도 더는 최선이 되지 않는 경우가 많다. 새로운 것을 시도하면 근육이 긴장감을 되찾고 감각도 예민해져 컨디션이 향상된다. 그는 놀라운 경험을 통해 매 순간 변화를 시도하고 새로운 일에 도전하는 것이 얼마나 중요한지 깨달았다고 밝혔다.

히로야스는 규칙에 얽매이지 않으려고 노력한다. 그는 감각을 예민하게 하여 그때그때 방법을 바꾼다. '각색하는 힘'을 잘 보여주는 사례다. 히로야스처럼 매 순간 적절히 각색함으로써 긴장감을 유지해야 한다.

히로야스는 솔트레이크시티 동계올림픽에서 금메달을 따겠다는 목표를 세우고 훈련했다. 그 과정에 허리를 삐끗했다. 이때 생긴 요통을 치료하기 위해 신경 자극을 차단하는 주사 요법을 받았다. 결국 실패로 끝났고, 양말조차 신을 수 없는 최악의 상황을 맞았다. 절망적인 상황에서 분투하여 그는 은메달을 목에 걸었다. 1위와의 성적 차이가 0.03초였다. 히로야스가 그다음 올림픽까지 남은 4년 동안 노력해야 할 새 과제를 부여받았음을 의미하는 숫자였다. "올림픽에서 진 빚은 올림픽에서만 갚을 수 있습니다"라고 그는 말했다.

운동선수에게 4년은 짧지 않은 시간이다. 그러나 견딜 수 없을 만큼 긴 시간도 아니다. 제대로 준비하고 훈련하면 얼마든지 좋은 결과를 기대할 수 있다. 실패하는 날에는 4년이라는 인고의 시간을 보내야만 다음 기회를 노릴 수 있다. 다시 곰곰이 생각해보면 4년이라는 시간은 사실 운동선수에게 영겁의 세월처럼 느껴질 정도로 긴 시간이다. 그 사이에 전성기가 지나갈 수도 있기 때문이다.

올림픽은 뛰어난 일 처리 기술이 갖춰져야 하는 공간이다. 정규 시즌에는 거의 날마다 시합이 벌어지는 야구 같은 운동 종목에도 일 처리 기술은 필요하다. 4년 후를 준비하며 훈련하는 올림픽에서 일 처리 기술은 더욱 치밀하고 정교해야 한다. 그리고 탁월해야 한다.

▌▐▌▌ 초일류 선수 시미즈 히로야스가 '게으름 피우는 시간'을 만드는 이유

작은 경기에서는 어렵지 않게 우승하는데, 올림픽처럼 큰 경기에서는 금메달을 따지 못하는 선수가 있다. 그 반대인 선수도 있다. 이 현상은 어디에서 비롯될까? 중압감을 에너지로 바꾸는 승부 근성과 집중력, 올림픽에 초점을 맞춰 계획을 세우고 행동에 옮기는 실행력에 달려 있다.

시미즈 히로야스 같은 초일류 선수에게는 올림픽에서 금메달을 따는 것보다 원대한 목표가 있다. 그는 나가노 동계올림픽에서 금메달을 딴 후 "제가 진정으로 원한 것은 금메달이 아니었습니다"라고 말해 모두를 놀라게 했다. 올림픽 금메달보다 원대한 목표는 무엇일까? 인류가 도달하지 못한 감각과 능력을 얻는 것이라고 한다. 목표를 달성하면 감각과 능력 개발 과정을 프로그램으로 만들어 사람들과 공유하고 후배 선수들에게 전수할 계획이다.

스포츠 잡지 《넘버》와 진행한 인터뷰에서 히로야스는 이렇게 말한다.

제게 금메달은 엄청나게 가치 있는 것은 아닙니다. 제 선수 생활의 목표는 금메달을 따는 데 있지 않다고 결론 내린 것은 그래서였죠. 저의 궁극적인 목표는 금메달을 따기 위한 트레이닝 과정을 통해 인간의 잠재력을 끌어내는 데 있습니다. 금메달을 딴 지금, 그 점이 더욱 명확해졌습니다.

신경블록(알코올이나 마취제를 주사하여 자극이 신경세포를 통과하지 못하도록 막는 방법-옮긴이) 주사 요법에 실패한 뒤 후유증으로 히로야스는 5번 허리뼈가 부러지는 사고를 당했다. 그 상황에서도 그는 경기에 출전하여 최고 기록을 경신했다. 어떻게 이런 일이 가능했을까? 그의 몸은 근육이 잘 발달해 있어 허리뼈 주위 근육들이 뼈의 역할을 대신해주었기 때문이라고 한다. 대단한 일이 아닐 수 없다. 그뿐만이 아니다. 솔트레이크시티 동계올림픽에서 부상으로 인해 0.03초 차이로 아깝게 금메달을 놓친 일을 통해서도 그는 새로운 과제를 발견했다고 한다.

저는 솔트레이크시티 동계올림픽에서 0.03초의 차이로 패한 일의 의미를 생각했습니다. 제게 새롭게 주어진 과제도 머릿속에 떠올렸죠. 2006년 토리노 동계올림픽을 대비하는 신경회로 재생이라는 과제입니다.

히로야스는 왼쪽 허벅지 주요 부분 신경에 손상을 입었다. 신경블록 주사 요법이 실패로 끝났기 때문이다. 그로 인해, 좌우 허벅지 두께가 2센티미터나 차이 나게 되었다. 그의 트레이너는 이렇게 말한다.

> 주요 신경회로가 죽는 불상사가 발생해도 보조 회로를 사용하면 되니까 안심하세요. 목적지에 도달하기 위해 큰길로만 다닐 필요는 없잖아요? 샛길이나 오솔길로 다닐 수도 있는 거죠. 이렇게 생각하면 이해하기 쉬울 겁니다.

이 말을 들은 히로야스는 또 이렇게 말한다.

> 새로운 신경회로 전달 방법을 발견하면 뇌 혈전이나 류머티즘 환자, 교통사고로 인한 신경계 환자들의 치료에 큰 도움이 될 만한 결정적 실마리를 찾아낼 수 있을 것으로 생각합니다. 토리노전까지 이 일을 해내겠습니다. 이 새로운 도전이 설득력 있게 하기 위해서라도 올림픽 금메달은 필수겠죠?

문제의식의 차원이 다르다. 그는 신경 문제가 생긴 환자의 회복에 도움 될 만한 결정적 실마리를 2006년 토리노 동계올림픽 개최 전까지 찾아내겠다고 의지를 다진다. 금메달을 따려는 목적이 여느 선수들과는 근본적으로 다르다. 목표가 비범한 만큼 그 목표를 달성하기 위한 준비 과정도 남다르다. 그는 종종 의도적으로 훈련하지 않으며 게으름 피우는 시간을 만들기도 한다. 그러다가도 일단 훈련에 돌입하면 지쳐서 기절할 정도의 상태가 될 때까지 매진한다. 그는 이제껏 아무도 시도하지 않은 방식으로 훈련 프로그램을 짜고, 끊임없이 수정하며 바꿔 간다. 내가 아는 한, 그는 가장 목적 의식적이고도 탁월한 일 처리 기술을 가진 운동선수다.

▌▍▌▍ 스즈키 이치로는 어떻게 슬럼프를 극복하고 한 단계 도약할 수 있었나

탁월한 일 처리 기술을 가진 또 한 명의 운동선수를 소개할까 한다. 유명한 메이저리거 스즈키 이치로鈴木一朗, 1973- 가 그다.

〈이치로의 굴욕적인 1개월〉이라는 제목의 인터뷰 기사가 《넘버》에 실렸다. 당시 이치로는 슬럼프에 빠져 있었다. 2003년 4월 한 달여 동안의 일이다. 당시 그의 타율은 2할 5푼. 한때 잘나갔던 그로서는 상상하기 힘들 만큼 형편없는 타율이었다. 그러나 그는 낮은 타율에 연연하지 않았다.

저는 2할 5푼대의 타율에 신경 쓰지 않습니다. 타율에 큰 의미를 두진 않으니까요. 다만 서른 번의 경기에 서른 번의 안타밖에 치지 못했다는 사실이 스스로 생각해도 이해가 안 될 뿐입니다. 그 때문에 요즘 스트레스를 받고 있죠.

그는 자신이 안타를 치지 못하고 있다는 사실에 의기소침해 있었다. 어쩌다 그렇게 됐을까? 정규 시즌 오픈 시점 전까지만 해도 그의 몸은 컨디션이 좋았다. 오히려 평소보다 안타를 칠 만한 포인트가 많았다고 한다. 예전 같으면 스윙하지 않으며 지나친 공도 넘기지 않고 방망이를 휘둘렀다. 그렇게 번번이 헛스윙만 하다가 리듬을 잃어버렸다. 다행히도 5월에 접어들면서 리듬을 되찾았고, 슬럼프에서 벗어나 타율을 회복하고 있었다.

다음 인용문은 팀 동료 선수 사사키 가즈히로가 이치로가 겪은 슬럼프에 대해 한 말이다.

시즌 개막 후 한동안 아슬아슬했습니다. 사람들의 눈에, 일부러 그러는 것처럼 보였죠...... 아무튼, 그 모든 슬럼프와 위기를 멋지게 극복해내는 걸 보면 이치로는 대단한 선수입니다.

4월 한 달 동안 슬럼프에 빠져 있던 이치로가 5월에 컨디션을 회복했다는 것은 무슨 의미일까? 슬럼프를 극복하면서 새로운 수준에 도달했음을 의미한다. 그는 정규 시즌 오픈 전 캠프 기간에 자기 실력을 끌어올릴 비법을 찾아냈다. 그러다가 정규 시즌이 시작될 무렵, 일시적으로 컨디션 조절에 실패해 슬럼프에 빠졌다. 그는 오랜 슬럼프의 터널을 지나 다음 단계로 나아갈 수 있었다. 자신이 가진 기술을 활용하면서 높은 경지로 끌어올리는 것, 말처럼 쉬운 일은 아니다.

새로운 기술을 연마하지 않고 자신이 가진 기술로 경기해도 성과를 얻을 수는 있다. 그러나 그것만으로는 충분하지 않다. 경쟁자들이 그대로 머물러 있지 않을 것이기 때문이다. 문제는 한 계단 올라서려고 분투하다 보면 예전보다 실력이 떨어지는 것처럼 느낄 때가 있다는 점이다. 누구에게나 일어날 수 있는 일이다. 과거의 방식으로 되돌아가려고 해서는 안 된다. 모든 발전은 직선형이 아닌 나선형으로 이루어진다. 일시적으로 정체해 있거나, 퇴보하는 것처럼 보이는 상황에서도 좌절하지 않고 실력을 키우기 위해 노력해야 하는 것은 그래서다.

▮▮▮▮ 위기 상황을 극복하고 팀을 우승으로 이끈 천재 투수 에나쓰 유타카

에나쓰 유타카江夏 豊, 1948~는 일본 프로야구 역사상 유일하게 '천재 투수'라는 별칭을 얻은 선수다. 그는 1967년 드래프트draft(신인 선수를 선발하는 일-옮긴이) 1위로 한신 타이거스에 입단했다. 『에나쓰의 21구』라는 책에 에나쓰 유타카의 이야기가 소개되었는데, 자못 흥미롭다. 책 내용을 살펴보자.

1979년, 일본 시리즈 제7차전 경기가 긴테쓰 버펄로스와 히로시마 카프의 대결로 펼쳐졌다. 이날 성적으로 일본 시리즈 우승팀이 결정되는 중요한 경기였다. 9회 말, 카프가 4대 3으로 1점 앞서가는 상황에서, 카프의 투수는 에나쓰였다. 1점 리드하는 상황을 유지만 해도 카프가 우승컵을 차지하는 거였다. 그러나 에나쓰는 무사 만루라는 절체절명의 위기를 맞게 된다.

에나쓰의 위대함이 빛을 발하기 시작한 것은 이때부터였다. 궁지에 몰린 그는 혼신의 힘을 다해 공을 던졌고, 상대 팀 타자들을 차례로 삼진 아웃시켰다. 그는 마지막 타자와 만났다.

에나쓰는 타자의 헛스윙을 유도하던 때와 같은 궤도로, 그보다 약간 아래쪽으로 툭 떨어지는 공을 던졌다. 여기에는 나름의 심모원려深謀遠慮와 포석이 있었다. 그는 타자가 타석에 서서 방망이를 휘두를 때 이 기법으로 스트라이크를 얻어냈다. 승부가 갈릴 결정적 상황에서 에나쓰는 '이 공은 먹힐 것이다'라는 직감을 믿고 한 번 더 힘껏 공을 던졌다. 이 모든 과정은 긴테쓰 버펄로스의 마지막 타자를 삼진으로 잡고, 자신이 속한 팀인 히로시마 카프에 우승컵을 안겨주기 위한 정교한 프로세스였던 셈이다.

에나쓰는 마운드에 서서 경기 전체를 통찰력 있게 조망하며 사력을 다해 공을 던졌다. 그와 동시에 카프 팀 벤치에서는 다른 투수를 준비 운동시키며 만일의 사태에 대비하고 있었다. 선수와 감독이 결정해야 할 선택지와 밟아야 할 프로세스가 이렇게 다르다. 투수인 에나쓰는 자기 눈앞에 있는 타자를 어떻게 아웃시킬지 고민하며 전력을 다해 공을 던진다. 그동안 카프의 고바 감독은 동점이 되어 연장전으로 갈 경우를 대비해야 한다. 고바 감독에게는 자기 팀을 우승으로 이끌기 위해 고심 끝에 내린 결정이자 프로세스였다.

그 순간, 예기치 않은 문제가 발생했다.

"지금 뭐 하는 겁니까? 이 상황에서 너무하는 것 아닙니까?"

에나쓰의 마음을 이해할 수는 있지만, 고바 감독으로서는 필요한 프로세스를 마련한 것일 뿐이다. 투수에게는 공 하나하나를 어떻게 던질지, 상대 타자를 어떻게 공략하고 무력화할지가 전부다. 감독은 다르다. 그는 한 그루 한 그루의 나무와 함께 숲 전체를 조망하며 그림을 그려야 하는 화가와 비슷한 입장이다. 나무와도 같은 선수 한 명 한 명의 컨디션과 경기라는 숲을 통찰하며 팀을 지휘해야 한다. 둘의 관점과 입장이 양립하며 조화를 이룰 수 없는 것은 당연하다. 두 사람의 관점과 입장 차이가 다른 선수의 적절한 대응과 팀의 조직력으로 해결된다.

"나도 너와 같은 기분이야! 벤치랑 불펜은 신경 쓰지 마."

에나쓰의 팀 동료 기누가사가 마운드에 불쾌한 얼굴로 서 있는 에나쓰에게 한 말이다. 그의 한마디에 에나쓰는 마음이 편안해졌고, 다시 기운을 얻었다. 그리고 집중력을 되찾았다.

이시와타를 바라보고 있는데, 그의 방망이가 약간 움직였다. 왔다, 하는 느낌! 100분의 1초도 안 되는 짧은 순간이었을 것이다. 번트가 온다. 그는 반드시 기습 번트를 시도할 것이다. 내가 그렇게 생각하고 있었기 때문일까? 내 손에서 공이 떠나기도 전에 그가 번트를 칠 자세를 취하는 것이 눈에 들어왔다. 그러나 나는 이미 확 꺾어 내리는 커브 투구법으로 공을 쥔 상태였기에 다른 투구법으로 바꿔서 던질 수는 없었다. 갑자기 투구법을 바꾸면 보크(balk, 야구에서 주자가 루에 진출해 있을 때 투수가 규정에서 벗어난 투구 동작을 하여 범하는 반칙_옮긴이)가 되기 쉽기 때문이다. 어쩔 수 없이 그대로 공을 던졌다. 그때였다. 우리 팀 포수 마주누마가 갑자기 자리에서 벌떡 일어났다. 상대 팀 3루 주자의 움직임을 간파했기 때문이다.

커브 투구법으로 피치 아웃(타자가 도루 내 스퀴즈 플레이를 시도하며 기습 번트하지 못하도록 투수가 포수와 작전을 짜고 의도적으로 스트라이크 존을 벗어나게 던지는 투구－옮긴이)한다는 것은 불가능에 가까운 일이다. 타자의 스퀴즈 플레이(주자가 3루에 있는 상황에서 득점하기 위해 타자가 기습 번트를 시도하는 전법)를 막고자 한다면 커브가 아닌 직구로 대결해야 한다.

사전에 투수와 포수 사이에 사인 교환이 원활하게 이루어져 포수가 재빨리 일어서서 준비하고 있어야 한다. 포수와 사인 교환도 하지 않은 상황에서 피치 아웃하다가는 일을 그르칠 수 있기 때문이다. 천재 투수 에나쓰는 포수가 갑자기 일어서는 것을 보고 커브 투구로 귀신같이 스퀴즈 플레이를 막아냈다.

에나쓰는 그날 '왠지 먹힐 것 같다'고 직감한 인 코너로 낮게 떨어지는 투구를 마지막 필살기로 낙담해 있는 타자를 몰락시켰다. 스물한 번째 투구로 그는 긴테쓰 버펄로스의 마지막 타자를 꺾었고, 그의 팀 히로시마 카프는 일본 시리즈 우승컵을 거머쥐었다. 에나쓰가 상대 팀 타자의 스퀴즈 플레이를 막아낸 것은 천재적인 선수만이 지닌 탁월한 판단력과 감각 덕분이었다. 그러나 그것만으로는 충분하지 않다. 자기 투구를 장악한 상태에서 상대를 능수능란하게 다루지 못했다면 완벽한 스물한 개의 공을 선보이지 못했을 것이다.

진정한 프로라면 자신이 상대하는 선수의 기분과 컨디션까지 헤아려서 공 하나하나를 어떻게 던질지 정해야 한다. 이것이 매 순간 프로가 내릴 판단이며, 탁월한 일 처리 기술이다.

일류 투수와 포수는 눈빛과 몸동작을 주고받는 것만으로 소통할 수 있다. 그때그때 마음 내키는 대로 공을 던지는 게 아니다. 공 하나하나마다 눈빛과 몸동작으로 포수와 소통하고, 심사숙고하며 던지는 것이다.

4

사고율 0퍼센트, 정시 출발·정시 도착을 실현한 '회복탄력성 높은 운행표의 힘'

▌▐▌▌ 정차나 충돌 사고·연착 발생 0퍼센트, 기적의 철도 시스템은
어떻게 탄생했나

『정시 출발』에는 경이롭다고 할 만큼 뛰어난 일 처리
기술이 소개된다. 이 책은 재미 면에서도 장점이 있어서 즐겁게
읽을 수 있다. 앞머리에서 저자는 일본 철도가 한 치의 오차 없
이 운행되는 것이 세계적으로 비슷한 사례를 찾기 힘들 정도로
희귀한 일이라는 놀라움으로 글을 시작한다. 이런 경이로울 정
도의 정확함이 어떻게 가능했는지 철도 역사를 거슬러 올라가
는 방식으로 실마리를 찾아간다.

『정시 출발』에 따르면, 1900년대 초반만 해도 열차가 연착하
는 일이 많았다고 한다. 처음으로 출발과 도착 시간을 지킨 사
람이 나왔는데, 유키 히로키가 그다. 그는 가루이자와 나오에스
사이 구간 담당자였다. 히로키는 열차 운행 시간이 지연되는 사
태를 막기 위해 몇 가지 사항을 연구 조사한 뒤 해결책을 마련
해 시험 운행에 반영했다.

결과는 대성공이었다. 이후 그것이 매뉴얼로 만들어져 일본 전역으로 퍼져나갔다. 동일본의 중앙 본선 중 도쿄-다카오 구간을 지칭하는 주오센中央線-JR은 2분 간격, 동일본의 중앙 본선 중 시나가와-다바타 구간을 지칭하는 야마노테센山手線은 2분 30초 간격으로 운행된다. 초고속 열차 신칸센은 5분, 10분마다 출발하는데 갑작스러운 정차나 충돌 사고는 물론이고 연착되는 일도 없다. 어떻게 이런 일이 가능할까? 철도 전체의 운행 시스템이 일 처리 기술의 최고 수준으로 구축돼 있어 물 흐르듯 작동하기 때문이다.

오늘날에는 어느 나라에서나 컴퓨터를 이용해 열차 운행표를 만들어 사용한다. 그러나 예전에는 모든 과정을 손으로 작업했다. 당시 일본에서는 모든 철도원 직원이 함께 호텔에 투숙하며 공동 작업으로 운행표를 만들었다고 한다. 고도의 정확성을 실현하는 뛰어난 일 처리 기술이 운행표를 만드는 준비 및 설계 단계에서 길러진 셈이다.

열차 운행표에는 시간과 공간의 '여백'이 존재한다. 각각의 승객이 타는 열차는 한 대뿐이지만 철도청은 많은 열차를 동시에 움직인다. 같은 시각에 일본 전역에서 수많은 열차가 동시에 달린다는 얘기다. 열차 운행표 이면에 드넓은 시간적·공간적 여백이 존재하는 것은 그래서다.

국철 시대의 일본 철도청은 열차 운행표 개정 작업에 2년의 시간을 쏟아부어 계획을 수립했다. 예상 승객수를 파악하고 세부 편성 방향을 결정한다. 그것에 맞게 열차표를 만들고 설비 투자 계획을 세운다. 그리고 지역 수요를 반영하고 조정한다. 최종 편성 회의 당시, 100명의 핵심 관계자가 외부와 접촉을 끊고 한 달간 호텔에 투숙하며 중요한 일을 결정했다. 힘들고 고된 작업이었을 것이다.

'스지야筋屋'라는 이름의 열차 운행표 작성 전문가는 고난도 작업의 핵심 요소였다. 스지야는 '힘줄'이라는 의미다. 왜 운행표 작성 전문가에게 이런 이름을 붙였을까? 운행표를 만드는 과정에 선을 그어 표시했기 때문이다.

복잡한 열차 운행표에 새로 특급 열차 운행 선을 어떻게 그어야 할까? 스지야들은 궁리하고 또 궁리하며 운행표를 노려본다. 한참 뒤, 선을 긋고 다시 지우개로 지운다. 운행표 용지로 두껍고 튼튼한 켄트지를 사용한 것도 그래서였다.

❚❚❚❚ 열차 운행표에 '여백'인 대역 운행표를 만들어두는 이유

열차표는 운행 예정표로, 제작 과정에 뛰어난 일 처리 기술이 요구된다. 열차 운행표를 만드는 과정에서 놓치지 말아야 할 점이 있다. 사고가 발생했을 때 역과 역 사이의 어느 지점에 열차가 정차하지 않도록 시간표를 짜는 일이다. 이 작업에 고난도 기술이 요구된다. 이는 열차가 서로 충돌하지 않도록 시스템을 구축하는 일과는 차원이 다른 문제다. 한 열차에 문제가 생겼을 때 영향받을 가능성 있는 모든 열차의 움직임을 분석해서 만들어야 한다. 유동성을 가진 열차 운행표는 회복탄력성이 높다.

열차 운행표는 단순한 '스케줄'이 아니다. 열차표에는 고도의 일 처리 기술이 뒷받침되어야 한다. 이 점을 한 번 더 언급하는 이유는 열차표가 가진 '융통성'의 이미지를 강조하고 싶어서다. 무엇이든 틀로 정해지면 사고가 발생했을 때 운신의 폭이 좁을 수밖에 없다. 그 틀 안에 '여백'이 없어서 융통성이 발휘될 가능성이 작기 때문이다. 정밀기계처럼 작은 부품 하나가 망가지면 전부 쓸 수 없게 되는 것과 같은 이치다.

예상치 못한 문제가 일어날 수 있는 곳이 삶의 현장이다. 현실에서 발생하는 문제를 흡수하여 회복할 수 있도록 만들어진 프로그램이나 시스템이 일 처리 기술을 연마하는 과정에 구축된다. 문제 해결 능력이 약한 프로그램은 완벽하게 짜였더라도 쓸모가 적다. 이 원리는 모든 전기·전자 제품에도 적용된다. 손가락으로 켜고 끄는 방식의 스위치는 터치 보드 하나만 고장 나도 기계 전체가 작동을 멈춘다. 손가락으로 하나하나 힘을 주어 누르는 방식의 스위치라면 결과는 달라진다. 하나가 망가져도 그 부분으로만 문제는 한정되고 전체에 영향을 미치지 않는다. 핵심 부품에 이런 역학의 원리를 적용해 제품을 생산하는 것은 그런 연유에서다.

철도청은 열차 운행표에 문제가 발생했을 때를 대비해 대역 운행표를 덧붙여둔다. 기본 운행표는 원칙이고, 대역 운행표는 융통성이다. 기본 운행표가 채워진 공간이라면 대역 운행표는 채워질 수도 있는 공간이다. '여백'인 셈이다. 이 원리를 실제 업무에도 적용할 수 있다. '여백'을 만들어야 한다.

열차 운행표로 돌아가자. 요코스카·소부 본선은 직행으로 운행한다. 비상사태 발생 시 도쿄역에서 돌아와야 할 상황에 대비해 대역 운행표를 만든다. 열차가 운행되지는 않지만, 특정 구간에서 열차가 운행되는 것처럼 운행표를 만들기도 한다. 이것을 '그림자 선(계절에 특화된 열차나 임시 열차용으로 마련된 선. '그림자 선'으로 불리는 이유는 열차 운행표상에는 선으로 존재하나 평상시에 일상적으로 운행되는 구간이 아니기 때문이다)'이라고 부른다. 그림자 선에서 열차가 운행될 때는 연말연시나 연휴, 중요한 이벤트 등으로 수요가 급증한 상황이다. 돌발적으로 발생한 수요 급증 상황에 대응하기 위해 임시 열차를 운행하는 일은 복잡한 프로젝트다. 이는 만만치 않은 도전이기도 하다. 그러나 '그림자 선'이 준비돼 있으면 당황할 필요가 없다. 침착하면서도 신속하게 임시 열차를 운행할 수 있기 때문이다.

'그림자 선'이라는 용어에는 깊은 의미가 담겨 있다. 그림자 선이 있으면 돌발 상황에서도 신속하게 임시 열차가 운행되도록 조치할 수 있기 때문이다. 사전에 그림자 선이 준비돼 있지 않으면 특급열차를 한 편 증편해야 할 필요가 생겨도 쉽지 않다. 특급열차는 속도가 빨라 다른 열차들과 운행 시간을 맞추기가 어렵기 때문이다. 기본 운행표를 만들 때 열차 한 대가 운행할 수 있도록 예비 선(그림자 선)을 만들어두면 편리할 뿐 아니라 문제 해결에도 도움이 된다.

『정시 출발』은 날마다 다른 운행표가 만들어진다고 얘기한다. 이에 관한 내용을 자세히 살펴보자.

> 일본 철도청은 매년 1회 실시되는 열차 운행표 개정 작업과는 별개로 날마다 다른 운행표를 만든다. 매년 1회 개정되는 것이 '기본 운행표'이고, 날마다 변경되는 것이 '실행 운행표'다. 오늘 선로 보수공사가 진행될 예정이므로 어느 선의 어느 구간은 서행 운행한다. 보수공사의 영향을 받는 역에 대해서는 이렇게 변경 조치한다, 하는 식이다. 이런 유형의 운행표 변경은 히가시 니혼센에서만 하루 2,000번이나 이루어진다.

읽으면 읽을수록, 생각하면 생각할수록 열차가 정시에 출발해서 정시에 도착하며 안전하게 달리는 것이 고맙다. 사람들은 신칸센 운행표를 신뢰하며 당연하다는 듯 일정을 잡고 여행 계획을 세운다. 그 이면에는 어떤 문제나 사고가 발생해도 효과적으로 대응할 수 있도록 일 처리 기술과 업무 능력이 갖춰진 셈이다.

발생 가능성 있는 문제를 예상하고 해결책을 모색한다. 업무 능력을 극대화한 이상적인 상황이라고 말할 수 있다. 차근차근 단계를 밟아가며 목적을 달성하는 것은 보통의 일 처리 기술로도 가능하다. 돌발 상황이 발생했을 때 문제를 해결하고 예전 상태로 회복할 수 있도록 시스템을 구축하자면 고도의 일 처리 기술과 업무 능력이 갖춰져야 한다. 기업 경영자는 자신을 포함한 모든 임직원이 문제를 해결할 수 있는 일 처리 기술을 갈고 닦는 방향으로 고민하고, 조직을 관리 및 재정비하고, 리더십을 발휘하며 나아가야 한다.

▮▮▮ 그 기관사들이 정차 시각 ±5초, 정차 위치 ±1센티미터로 운행하는 비결

열차 운행의 문제점을 해결할 수 있었던 비결은 운행표 개정 과정에 '여백'을 만든 결과다. 그 여백은 토목, 설비, 기계, 전기, 통신 등 다양한 분야에서 실무 경험을 쌓은 전문가들의 기술이 모여 완성된다. 열차 운행표는 많은 요소를 섬세하게 담고 다양한 기술을 집대성한 결과물이다.

열차 운행표를 간략히 정의해보자. 첫째, 승객에 대해서는 서비스 내용을 안내하고 보증하는 상품 설명서다. 둘째, 철도청의 관점에서는 시스템 설계도다. 셋째, 현장에서 일하는 철도원에 대해서는 수송 서비스의 공급량과 품질을 나타내는 생산 지시서다. 열차 운행표가 지니는 의미는 제각각 다르다. 열차 운행표를 기본으로 삼아 자신에게 맞는 일 처리 기술로 특화하여 연마해야 하는 것은 그래서다.

일본 철도는 완벽하게 운행된다. 열차 기관사들이 가진 뛰어난 일 처리 기술과 업무 능력 덕분이다. 기관사들은 도쿄–신 오사카 구간을 ±5초, 정차 위치를 ±1센티미터의 범위 안에서 운전할 수 있다고 한다. 이는 그들이 시간과 속도, 다음 역까지의 거리를 치밀하게 계산하며 운전하기 때문에 가능한 일이다. 『정시 출발』이라는 책에는 야마노테센의 기관사가 실제로 겪은 일화가 소개된다.

'뭘 하는 거지?' 의아해하며 자세히 살펴보았다. 열차의 정지 위치가 홈 앞쪽에 표시된 흰색 정지선에서 얼마나 벗어났는지를 확인하는 듯했다. 검사 담당자에게는 11량의 열차가 정지선에서 10센티미터나 벗어나 정차한 것이 마음에 들지 않는 듯했다.

정밀함이 요구되는 기관사에게 '10센티미터'는 큰 숫자다. '1초'도 마찬가지다. 철도청은 기관사들을 대상으로 평소 시간과 거리를 몸으로 익히는 이미지 트레이닝을 진행한다. 그 과정에 우선해서 선로를 예비 조사한다. 그들은 출발점에서 종착점까지 운전 조작 과정의 하나로 파악한다. 열차를 운행하는 동안지나치는 지점이나 장소를 선로의 상태, 주위 경치 등과 함께꼼꼼히 기록하며 머릿속에 넣어두는 훈련이다. 기관사들은 철도 전 구간에 걸쳐 위와 같은 방식으로 이미지화하는 훈련을 꾸준히 한다.

기관사들은 캄캄한 밤에 앞이 잘 보이지 않는 상황에서도 오감을 활용하여 운행표대로 열차를 운행한다. 고난도 훈련을 통해 숙련된 기술을 갈고닦은 덕분이다. 그들은 큰비가 내려 선로가 달라진 상황에서도 기술력을 발휘하여 오차 없이 열차를 운행한다. 베테랑 기관사는 속도계를 보지 않고 선로에서 나는 소리와 몸이 받는 저항만으로 열차가 달리는 속도와 상태를 정확히 알 수 있다고 한다. 경이롭다고 하지 않을 수 없다.

뛰어난 기관사가 지닌 자질과 기술은 어떻게 길러질까? 유능한 교관과 함께 합숙하며 생활하는 과정에 맨투맨 교육으로 길러지고 다듬어진다고 한다. 일본 철도청은 기관사 양성 프로그램을 스파르타식으로 진행하지는 않는다. 그럼에도 대단한 정밀성을 지닌 유능한 기관사가 배출되는 것은 수준 높은 시스템이 받쳐주기 때문이다.

부품을 병렬로 연결하여 신뢰성을 높이는 방식도 흥미롭다. 직렬로 부품을 연결하면 어딘가 하나에 문제가 발생하면 모두 사용할 수 없게 된다. 병렬로 연결하거나, 병렬과 직렬을 조합한 형태로 만들면 문제가 생겨도 지엽적일 뿐 전체로 파급되지 않는다.

일본 철도청은 병렬성의 장점을 업무 흐름에 도입하여 시스템을 구축하는 데 성공했다. 철도 시스템 중 주목할 만한 것을 하나 꼽으라면 '지차환호指差喚呼'를 들 수 있다. 이것은 눈으로 안전을 확인하고, 손가락으로 가리키며, 소리 내어 확인하는 방식을 의미한다. 철도원은 연락 사항을 큰 소리로 복창하거나 메모해야 한다.

> 비상사태가 발생하여 복구 작업해야 하는 상황을 가정해보자. 이때 현장에서 일하는 사람은 마음을 진정시키기 위해 크게 한 번 심호흡한다(이 또한 매뉴얼에 적혀 있다). 그런 다음, 매뉴얼을 보면서 그것을 손가락으로 가리키고 소리 내어 확인하면서 작업한다(매뉴얼을 외워서는 안 된다. 무작정 외움으로써 실수를 범할 위험성이 오히려 커질 수 있기 때문이다). 상황 및 작업 종료를 확인한 뒤 역장 등 관련 책임자에게 보고한다. 책임자 역시 보고받은 내용을 복창하며 최종 확인한다.

사전 예측과 분석을 통해 문제가 발생했을 때 활용할 수 있는 일 처리 기술을 연마해야 한다. 한 사람 한 사람의 생생한 경험과 기술이 여기에 집약되어 담겨 있다.

제3장

핵심을 쥐고 있으면
문제는 해결된다

1

'3'의 이치를
터득하면
글쓰기가 쉬워진다

‖‖‖ ‘3’이라는 숫자가 아이디어를 구상할 때 절묘한 힘을 발휘하는 이유

글을 쓰기 전, 내가 반드시 하는 작업이 있다. 주제를 정하기 위해 머릿속에 있는 것을 모두 토해내는 작업이다. 다른 사람과 대화하면서 머릿속에 떠오르는 키워드를 종이에 빠르게 적는다. 이 단계에서 다른 사람과 대화하는 이유는 혼자 힘으로 내 안에서 잠자는 아이디어를 끌어내기가 쉽지 않기 때문이다. 누군가와 함께 있으면 정신적인 자극을 느끼고 긴장감이 고조되어 아이디어가 나온다. 이것을 '매핑 커뮤니케이션Mapping Communication(모조지나 화이트보드에 회의 참석자들의 생각을 모두 적고, 그것을 보면서 토론하며 문제의 핵심에 다가가는 방식)'이라고 부르는데, 다른 사람과 소통하며 자신이 깨닫지 못하던 것을 깨닫게 하는 작업이다.

'카오스적'으로 토해내는 작업이 창조력을 키우는 데 도움 된다고 나는 생각한다. 결론에 가까운 주제를 정하고, 그 주제에서 시작해 피라미드식으로 내려가는 기법top-down이 효과적이라고 주장하는 학자도 있다. 피라미드식으로 작업할 때 뇌는 신속하게 질서를 찾아가는 방향으로 작동한다. 이래서는 기발한 아이디어가 나오기 어렵다.

처음에는 거미줄이나 땅속뿌리처럼, 무섭게 증식하는 균류처럼 무한대로 확장하며 이미지를 만들어간다. 다음 단계에서 그 이미지를 질서 있게 배열하면 번뜩이는 아이디어를 얻을 수 있다. 이 방법을 사용하면 피라미드식보다 시간이 오래 걸릴 수는 있으나 창조력을 발휘하여 신선한 아이디어를 얻는 데 도움이 된다.

처음에는 아이디어를 떠올리는 일에 노력을 쏟아야 한다. 작업이 진행되면 세 그룹으로 나누거나, 베스트 3을 선택한다. 베스트 1이 아닌 베스트 3을 고르는 이유는 뭘까? 하나로 범위를 좁히면 완벽한 것을 고르려다 기발한 아이디어를 배제할 위험성이 있기 때문이다. '3'이라는 숫자는 신선한 아이디어를 놓치지 않으면서 산만해지지 않게 하는 절묘한 숫자다.

3가지 아이디어를 키워드로 삼아 3개의 장을 만든다. 이때 각 장의 내용이 중복되지 않도록 주의해야 한다. 여기까지 작업을 마치면 3개의 기둥이 세워진 셈이다. 여기에서도 '3'이라는 숫자는 절묘한 힘을 발휘한다. 기둥이 둘이면 건물은 쓰러질 위험이 커지고, 넷이면 튼튼하기는 해도 넓은 면적을 차지하는 데 반해, 셋이면 모든 조건을 충족하면서도 낭비 요소가 적어 적합하다.

문제는 3개의 기둥이 세워졌다고 해서 완벽한 것은 아니라는 점이다. 어떤 조건이 더 충족되어야 할까? '배열 방식'이다. 3개의 기둥이 일직선으로 늘어서거나 비슷비슷한 기둥이 연달아 세워지면 힘을 받기 어렵고 쓰러질 위험성도 있다. '노력'과 '의욕'과 '끈기'의 3가지 키워드로 기둥을 세우는 식이다. '마음', '기술', '몸'의 기둥을 세우면 글의 구조가 한층 탄탄해진다.

무엇이든 3으로 범위를 좁히는 것이 중요하다. 1로 하면 추상적인 글이 되기 쉽고, 5로 하면 강약이 없어지고 밋밋해진다. 그에 반해 3으로 정리하면 작업에 필요한 요소들의 우선순위를 정할 수 있다.

장마다 3개의 절節을 세우고, 절마다 3개의 세부 항목을 세우는 식, 3·3·3 형식으로 나눈다. 기계적으로 3개씩 나누기 어려울 때도 있다. 일단 3이라는 숫자를 기본으로 생각하며 노트북에 입력한다. 1-1, 1-2, 1-3, 2-1, 2-2, 2-3 하는 식이다. 생각나는 대로 적어둔 단어를 장과 절에 맞게 재배열한다. 무작위로 흩어진 아이디어에 순서를 매기고 질서를 부여하는 작업이다. 여러 세부 항목이 중복되는 일이 없도록 유사한 단어를 하나로 묶는다. 이런 식으로 단어를 장마다 적절히 배분할 수 있으면 어디서부터든 자신이 원하는 내용을 써나가면 된다.

제1장부터 시작해서 순서대로 끝까지 쓰는 방식으로 작업해 나가면 중간에 자신 없는 부분이 나오면 막힌다. 자신 있는 부분, 쓰기 쉬운 내용부터 해결하는 편이 현명하다. 이는 식사 시간에 맛있는 반찬부터 먹는 것과 비슷한 이치다. 이 방식으로 책을 집필하면 전체 원고량의 절반 정도는 쉽게 채울 수 있다. 여기까지 작업했다면 나머지 원고는 처음으로 돌아가 순서대로 써도 좋고, 내용이 많아지면 새로운 장으로 분리하여 재구성해도 된다.

나는 『독서의 힘』을 집필할 때 위의 원칙에 따라 세부 항목을 정하고 집필했다. 책이 출간된 후 독자가 어디서부터 펼쳐 읽어도 무리 없게 하기 위한 배려였다. 『일류의 조건』 집필 과정에는 일본의 대표 고전소설인 『도연초』와 무라카미 하루키에 관한 장을 독립 장으로 바꿔 재구성했다. 특정 장의 일부로 돼 있었지만, 본격 집필 과정에 내용이 풍부해져 별개 장으로 독립시키는 편이 낫겠다고 판단했다. 이는 새끼 캥거루가 어느 정도 몸집이 커지면 어미 캥거루의 주머니 밖으로 나와 독립된 개체로서 뛰어다니며 성장하는 것과 같은 이치다.

전체 흐름 속에서 자연스럽게 떠오른 생각이나 늘어날 가능성이 있는 요소를 버리지 않고 키워가는 과정에서 좋은 아이디어가 나온다. 그 아이디어를 붙잡아 글에 녹여내면 좋은 글이 되는 것이다.

삼색 볼펜만 있으면 세상 모든 정보와 지식을 구분할 수 있다?!

글 쓰는 일에 자신 없는 사람이 글을 잘 쓰고 싶다면 어떻게 해야 할까? 글 쓰는 행위는 글을 읽는 행위와 연관돼 있다는 사실을 인식하는 것이 중요하다. 글 쓰는 일에 자신 없는 사람은 잠시 미뤄두고 글을 읽는 일부터 시작하여 쓰는 일로 발전시켜 나가라고 권하고 싶다.

책을 비롯한 다양한 자료를 읽고 검토하다가 마음에 와닿거나 중요하다고 느끼는 내용을 만나면 삼색 볼펜으로 밑줄을 긋는다. 밑줄 그은 부분을 타이핑하여 노트북 하드디스크 드라이브나 외장하드 등에 별도의 폴더를 만들어 저장한다. 왜 그 문장에 밑줄을 그었는지, 또 왜 그 내용이 흥미롭다고 생각했는지 등을 메모한다. 이 작업을 마무리하면 인용+주석의 형식으로 새롭게 내용이 정리된다. 인용만으로 전체 원고량의 10~20퍼센트가 채워지므로 심리적으로도 안정된다.

원고를 집필할 때 처음 20퍼센트 정도를 쓰기가 힘들다. 일단 20퍼센트를 넘어가면 그때부터는 쉬워진다. 마라톤 할 때처럼 리듬감이 생겨 이후 수월하게 진행된다. 운전할 때도 마찬가지다. 저속 기어에서 2단 기어로 바꾸는 과정에 에너지가 많이 소모되는데, 그 부분에 미리 정리해둔 인용의 도움을 받을 수 있다.

책이나 여러 자료의 어느 부분을 발췌하고 인용할지는 글 쓰는 사람의 독서력이나 다양한 경험과 관련된 문제이므로 그만의 노하우가 받쳐주어야 한다. 인용을 활용하면 심리 부담도 줄고 어렵지 않게 글쓰기를 할 수 있다.

책은 문자로 이루어져 있으므로 문자로 풀이하는 방식이 효과적이다. 일상생활에서 일어나는 많은 일을 문자화하여 글로 재미있게 표현하는 일은 쉽지 않다. 자기 주위에서 일어나는 온갖 일을 궁리하며 문자화한 책보다 풍부한 지식이 담긴 다른 책을 효과적으로 발췌하고 인용한 것을 고차원적인 텍스트로 평가하는 경향이 있는 것은 왜일까? 머리를 쓴 것도 없는데, 좋은 평가를 받는 일이 많으니 효과적으로 인용한 쪽이 유리하다.

원고 집필 과정에 관련 텍스트를 인용하는 일은 필요한 작업이다. 인용할 텍스트는 책을 기준으로, 1권으로는 부족하니까 3권 정도 준비하는 것이 좋다. 책을 읽으면서 삼색 볼펜으로 중요한 내용에 밑줄을 긋는다. 읽기가 쓰기로 이어지므로, 편안한 마음으로 읽으면 된다. 본격적인 집필에 들어가기 전 결론을 정해놓고 글을 쓰는 것도 중요하다. 결론을 내리는 문장이나 전체 내용을 요약하는 문장을 생각해두고, 그것을 첫머리에 제시한 뒤 전개하는 식이다. 내가 즐겨 사용하는 방법이다. 결론 문장을 끝에 써도 좋지만 잊어버릴 수 있기 때문이다.

시작부터 이야기를 장황하게 늘어놓는 습관을 지닌 사람이 많다. 열에 여덟아홉은 결론을 내지 못하고 이야기를 끝낸다. 이야기가 길어져도 중요한 내용은 짚은 셈이니까 잘못될 일은 없다. 무슨 일이든 '꼬리'가 아닌 '머리'를 집중 공략해야 한다. 글쓰기도 마찬가지다. 주변 내용에 집착하다가 핵심을 놓쳐서는 안 된다. 이것이 글쓰기에서 놓치지 말아야 할 골간骨幹이다.

글을 쓰려고 하면 전문 작가라도 된 것처럼 한 문장 쓰고는 종이를 구겨버리고 머리카락을 쥐어뜯어야 할 것처럼 생각하는 사람도 많다. 정말 그래야 한다면 글쓰기가 즐겁기는커녕 괴로운 일이 아닌가. 지금은 디지털 시대이며, 모든 사람이 일상적으로 컴퓨터를 사용하는 시대다. 그러므로 첫 장 첫 줄부터 글을 쓰지 않아도 된다. 컴퓨터로 얼마든지 삽입하고, 분할하고, 편집할 수 있기 때문이다.

최근에는 글짓기 대회에서도 자신이 느낀 것을 자유롭게 쓰는 경향이 일반화되고 있다. 마음 가는 대로 쓰는 글이 좋기는 하나, 주의할 사항이 있다. 글쓰기의 기본 소양을 갖추어야 한다는 점이다. 그렇지 않으면 자유롭게 글을 쓰고 싶어도 한계가 드러나기 마련이다. 나는 예전처럼 글 쓰는 방법을 체계적으로 가르쳐야 한다고 믿는 편이다.

나는 종종 어린아이들에게 글쓰기를 가르칠 기회를 만나곤 한다. 무엇이든 좋으니 마음 가는 대로 써보라고 하면 시간을 넉넉히 주어도 한 글자도 쓰지 못하는 아이가 많다. 준비 작업으로서 순서·방법 등을 정리하면 누구나 쉽게 쓸 수 있다. 이 작업은 책을 읽고 중요한 부분, 인상적인 내용 등에 삼색 볼펜으로 밑줄 긋게 하는 훈련에서 시작된다.

가장 중요해 보이는 내용은 빨간색, 그다음으로 중요해 보이는 내용은 파란색, 재미있어 보이는 내용은 초록색으로 구분하는 식이다. 이후 빨간색으로 밑줄 그은 문장을 공책에 베껴 쓰게 하고, 빨간색으로 밑줄 그은 이유를 적게 한다. 그다음으로, 초록색 볼펜으로 밑줄 그은 문장을 공책에 베껴 쓰게 한 뒤 재미있다고 생각하는 이유를 적게 한다.

어느 부분이 중요한지 밑줄 긋는 작업은 어렵지 않다. 재미있어 보이는 문장에 밑줄 긋는 일도 힘든 작업이 아니다. 일부 내용을 베껴 쓰거나, 특정 문장에 밑줄을 그은 이유를 적는 일도 힘들이지 않고 할 수 있다. 아이들의 경우, 말로 설명하게 하는 것이 좋다. 그런 다음 쓰게 하면 글을 완성할 수 있다. 어떤 아이들은 원고지 4~5매 정도를 쉽게 채우기도 한다.

나는 세상의 모든 정보와 지식을 3가지 색으로 구분할 수 있다고 생각한다. 빨간색은 아주 중요한 정보, 파란색은 그보다 조금 덜 중요한 정보, 초록색은 중요한 정보는 아닐지라도 재미있고 인상적인 정보다. 그 밖의 밑줄 긋지 않은 (검은색 글씨의) 정보는 가볍게 흘려보내면 된다.

책이나 논문 등의 자료를 읽을 때 나는 언제나 삼색 볼펜을 들고 한 줄 한 줄 밑줄을 그으며 체크한다. 그러다 보니 습관으로 자리 잡아 글자만 보면 조건 반사하듯 삼색 볼펜으로 확인한다. 색깔별로 나누어 정보를 수집하는 이유는 뭘까? 사람이 냄새, 맛, 성별 등 다양한 요소를 통해 다른 사람을 인지하고 구별하듯 색깔을 통해 뇌의 중요한 영역을 자극하여 강한 인상을 남기기 때문이다. 당신이 누군가를 만났을 때 그의 나이나 외모 따위는 잊기 쉬워도 그가 남자였는지 여자였는지의 성별은 쉽게 잊히지 않는다. 색깔도 마찬가지다. 신호등이 적절한 예다. 만일 '가시오', '조심하시오', '멈추시오' 등의 신호가 문자로만 표시된다면 메시지가 전달되지 않아 위험한 상황이 발생한다. '초록색', '노란색', '빨간색'으로 구분해서 표시하면 신속하고, 정확하고, 강력하게 메시지를 전달하여 사고를 줄일 수 있다. 나는 글을 읽거나 쓸 때 뇌의 근원적 영역에 영향을 미치게 하려고 노력한다. 어떤 정보든 쉽게 기억할 수 있고 기발한 아이디어를 떠올릴 수 있기 때문이다.

▮▮▮▮ 1~2는 너무 적고, 4~5는 너무 많다. 정답은 3!

이는 본지本旨에서 벗어난 얘기지만, 목공 도구를 제작하는 기업에 다니는 어느 직원에게 들은 말이다. 그에 따르면,

3이라는 숫자가 대단히 큰 의미를 지니고 있다는 거였다. 또 그는 대다수 제품은 S, M, L의 세 종류로 구분해 제작하면 문제가 없다고도 했다. 한두 종류만 제작하면 수가 너무 적어 선택의 여지가 없다는 불평불만을 고객에게 듣기 쉽다. 네다섯 종류로 늘리면 기업 측의 비용 부담이 커질 수밖에 없다. 이럴 때 S, M, L의 세 종류로 준비해두면 소비자도 공급자도 모두 만족할 수 있다는 얘기다. 일 처리 기술에도 같은 원리가 적용된다. 큰 틀에서 3의 원칙을 적용해 문제 해결을 위한 프로세스를 구축할 수 있다.

아무리 주의해도 문제는 일어나기 마련이다. 완벽한 일 처리 기술을 익힌다 해도 예기치 못한 사고로 작업이 중단되는 등 돌발 상황이 발생할 수 있다. 예기치 않은 문제가 발생했을 때 문제를 해결하고 이전 상태로 회복할 수 있는 체계를 갖추는 일이 중요하다. 세세한 일들에 얽매여서는 안 된다. 딜레마에 빠져더는 앞으로 나아갈 수 없게 되기 때문이다. 큰 틀만 잡아두면 된다.

시험 공부하는 상황도 마찬가지다. 배점 비중이 낮은 문제에 시간을 뺏기다 보면 배점 비중이 높은 문제를 푸는 데 필요한 시간을 확보하지 못한다. 3개의 기둥을 세우듯, 핵심 내용을 파악하고 세세한 부분까지 나선형으로 나아가야 한다.

이 방식으로 진행하면 끝까지 가지 못하고 중간에 무너진다고 해도 세 기둥의 기초만은 남아 있다. 이 기초는 다시 시작할 때 근간이 되어준다. 문제 해결 능력이 강한 일 처리 기술이란 이런 것이다. 일 처리 기술을 연마하는 것이 시간 순서를 정하는 능력을 키우는 일만을 의미하지는 않는다. 진정한 핵심 요소는 일의 '중요도'다.

2

커뮤니케이션을 돕는
두 가지
유용한 도구

▌▌▞▌▌ '공간 배치'와 '선호 지도'를 활용하면 대화가 술술 풀린다

서로 잘 모르는 사람 여러 명이 한자리에 모여 회의한다고 해보자. 대부분 순서를 기다렸다가 자기소개를 할 것이다. 이때 자기 자리에서 바라보는 공간 배치와 이름, 소속, 특징 등을 수첩에 적어두면 좋다. 순서대로 돌아가며 자기소개를 마친 뒤, 누가 누구인지 헷갈리기 쉽기 때문이다. 이래서는 시간을 들여 자기소개한 의미가 없어진다.

공간 배치를 기본으로 하여 상황을 인식하는 것이 중요하다. 이름을 줄줄이 적기만 해서는 생생한 이미지를 얻기 어렵다. 기억력을 향상하고 이미지를 얻는 일에서 '공간'이 왜 중요할까? '인상적인 의견이 내 왼쪽 옆자리에서 나왔다' 하는 식으로, 공간은 색깔이나 냄새처럼 인식력을 높이는 특징이 있다. 누군가를 자신이 앉은 자리에서 바라보는 공간 배치로 인식하는 훈련을 한다. 그에 따라 참석자의 이름과 위치를 메모한 뒤, 이름 옆에 그가 이야기한 내용을 적는다. 누가 어떤 의견을 내고 무엇을 제안했는지 파악한다. 기억으로 저장된다. 이런 식으로 특정인의 이름과 함께 그의 의견을 인용하면서 소통하면 대화나 회의가 견고하면서도 부드러운 직물처럼 완성된다. 커뮤니케이션에서는 상대방의 존재를 인식하는 것이 중요하다.

공간 배치는 자리에 앉는 상황도 신경 써야 한다. 책상이 놓인 상태대로 회의하면 비효율적이기 쉽다. 넓은 회의실에서 3미터 이상 떨어진 채 소통하기는 어렵다. 이럴 때는 효과적으로 대화하면서 생산성을 높이는 방향으로 배치를 조정해야 한다.

한마디로 정의하자면, '위치 감각$_{position\ sense}$'이다. 사람이 앉는 자리와 위치는 하나의 구조다. 이는 에너지 흐름 관점에서 중요하다. 사람들은 책상이나 의자 위치를 바꾸지 않는다. 그 자리에 앉았던 사람이 쓰던 그대로 사용하기 마련이다. 문제는 그 자리 배치가 사람 수나 해야 할 일의 질적 수준 측면에서 적합하다고 할 수 없다는 데 있다. 자신이나 자기 조직의 상황에 맞게 자리 배치를 바꾸려는 노력이 필요한 것은 그래서다.

회의가 시작되면 참석자들이 좋아할 만한 내용을 소재로 이야기하기 시작한다. 사람은 누구나 자신이 관심 많은 주제로 이야기 나누는 것을 좋아한다. 강의 시간에 나는 학생들에게 '선호 지도'를 만들게 한다. 선호 지도란 각자 자기가 좋아하는 것을 적은 것이다. 그것을 서로 보여주면서 이야기 나누도록 한다.

이런 방식으로 강의를 진행하면 학생들의 얼굴에서 웃음이 사라지지 않는다. 각자 자신이 좋아하는 것을 이야기하기도 하고, 서로 묻기도 하며 소통하기 때문이다. 처음 만난 사람과도 몇 분 지나면 서먹서먹함이 사라지고 유쾌한 시간을 보낼 수 있다. '선호 지도'는 대화의 흐름을 부드럽게 해주는 윤활유 같은 요소다.

현실 속 일상 대화에서 자신의 선호 지도를 보여주는 것이 쉽지는 않다. 상대방이 선호 지도를 갖고 있다는 사실을 알면 낚시하듯 조심스럽게 줄을 던져 끌어낼 수 있다. 여러 개의 줄을 동시에 던져 그중 하나라도 '물고기'가 물면 소통의 실마리가 풀리기 시작한다. 이런 식으로 자신이 좋아하는 것을 들려주며 소통하면 된다. 이것이 커뮤니케이션의 기본 구조다.

함께 식사하면서 대화를 나누는 것이 전형적인 예다. 코스 요리면 더 좋다. 식사하는 동안 연이어 나오는 음식이 대화의 공통 소재가 되기 때문이다. 같은 시간 같은 공간에서 식사라는 공통 분모를 매개로 다른 사람과 경험을 공유하며, 그것을 텍스트 삼아 이야기 나눔으로써 더 좋은 관계로 발전하는 계기가 된다.

3

'3'의 원리를
활용하면
업무도 쉬워진다

▮▮▮▮ 매일 할 일을 3가지 색깔로 구분해 표시하기만 해도 능률이 올라간다

내 수첩에는 그날그날 해야 할 일들이 3가지 색깔로 구분되어 적혀 있다. 날마다 해야 할 일을 3가지 색깔로 나누어 하는 셈이다. 초록색이 없는 날은 고된 하루가 될 가능성이 크다. 초록색은 휴식을 취하거나 즐거움을 주는 일이기 때문이다. 중요한 일, 꼭 해야 할 일, 시간에 맞춰 도착하지 않으면 다른 사람에게 피해를 줄 수 있는 강연회 등은 빨간색으로 표시한다. 덜 중요한 일은 파란색으로 메모한다. 이런 식으로 빨강, 파랑, 초록의 색깔 배분을 활용하면 효율적으로 일할 수 있다.

해야 할 일을 시간 단위로 나눠서 하는 것도 좋은 방법이다. 적절한 단위는 90분 정도다. 대학생이나 성인에게 90분은 집중력을 유지한 채 진행할 수 있는 최적의 시간이다. 90분 단위로 일과를 배치하고 빨간색, 파란색, 초록색으로 메모한다.

시간표는 인류가 고안한 위대한 아이디어이자 발명품이다.

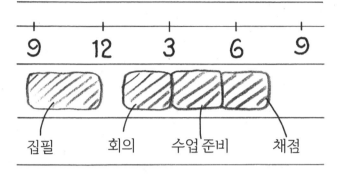

10월 16일 (목)

| 9 | 12 | 3 | 6 | 9 |

집필　　회의　수업 준비　채점

만만히 여길 만한 결과물이 아니다. 영리하지 않은 사람이라면 제대로 사용하기 어려울 만큼 녹록지 않은 구조를 지닌다. 시간표를 가진 민족과 시간표를 갖지 않은 민족이 비슷한 조건에서 전쟁한다면 시간표를 가진 민족이 승리할 것이다.

　사람들은 시간에 얽매이지 않고 자유롭게 생활하고 싶어 한다. 그러면서도 시간을 효율적으로 사용하여 일이 제대로 굴러가면 기분이 좋아지고 마음이 편안해진다. 하루 12시간 동안 일한다고 해보자. 단위로 쪼개지 않고 한 가지 색깔로만 표시하면 어떻게 될까? 열심히 일하지 않게 되고, 능률도 오르지 않는다. 언제까지 무슨 일을 끝내야 한다는 절박감이 없으니 일을 하는 둥 마는 둥 시간만 허비하기 쉽다. 하기로 돼 있던 일 중 몇 가지는 손도 못 대보고 하루가 지나간다.

단위로 쪼개 시간표를 만들고 실행에 옮기는 일을 습관화하면 가끔 게으름을 피워도 문제가 없다. 단위별로 계획한 시간의 한 구간이 지나면 금방 다음 구간이 오기 때문에 그전까지 마무리 지어야 한다. 게으름을 피우려다가도 정신이 들기 마련이다.

무슨 일이든 마무리 짓는다는 것은 처음의 상태로 퇴보하지 않는 선까지 밀어붙여 일을 끝낸다는 의미다. 어떻게든 결말을 지어두면 한번 정한 시간의 구간 안에서 완벽하게 일을 끝마치지 못했더라도 다음에 그 지점부터 다시 시작할 수 있다.

일 처리 기술을 연마하는 과정은 늪지대를 걷는 일과 비슷하다. 일정한 지점에 도달하기 전까지는 늪지대를 걸을 때처럼 발이 빠져서 처음부터 다시 시작해야 할 때가 있다. 그렇게 되지 않도록 지금 할 일을 마무리하는 것이 좋다. 미리 생각해둔 항목을 구조화하여 세부 내용까지 접근해가야 한다. 한두 주 정도 시간의 간극이 생기더라도 다시 떠올릴 수 있는 내용이 많이 있으므로 리듬감 있게 일할 수 있다.

▌▐▌ 맨 처음 하나를 성공으로 이끌면 나머지는 쉬워진다

형식을 만드는 일과 업무에 필요한 일 처리 기술을 연마하는 일은 서로 긴밀히 연결돼 있다. 일에 집중하여 성과를 거두었다면 거기에서 형식을 끌어낸다. 무슨 일이든 맨 처음 하나를 성공으로 이끌기가 어렵다. 새로운 체험은 생소해서 효율성이 떨어지기 마련이다. 처음 만나는 일을 도전으로 여겨 아이디어를 내기 위해 노력하고 좋은 결과를 얻기 위해 분투해야 한다. 이 과정이 성공적이라면 다른 과제를 정한 뒤 그 일이 마무리될 수 있도록 노력하면 된다.

이 단계는 첫 번째 단계보다 진행이 빨라진다. 이 방식으로 리듬감 있게 일하다 보면 절반이나 3분의 1만 시간을 투자해도 일을 마무리할 수 있다. 계획대로 진행되면 일 처리 기술이 여러 영역에서 동시에 연마되고 업무 능력이 향상된다. 첫 단계에서는 제대로 된 형식을 갖추는 일이 쉽지 않다. 형식을 갖추고 실행에 옮기기 시작하면 이후로는 불필요한 낭비 요소에 발목 잡히지 않고 자료를 수집할 수 있다.

정보를 수집할 때 주의해야 할 점은 뭘까? 치밀하게 계획하고 예측하며 대비하지 않으면 쓸모없는 것까지 정리하느라 효율성을 떨어뜨릴 위험이 있다는 점이다. 자신에게 어떤 정보가 필요한지 파악하고 따져보는 것이 중요하다. 그다음 단계로, 팀원들이 한자리에 모일 때 서로 일을 분담하여 필요한 정보만 선별해서 모은다. 이런 식으로 정보의 순도를 높여가는 것이 중요하다. 순도가 높은 정보인지 아닌지 어떻게 알 수 있을까? 정보 자체보다 그 정보를 분류하고 정리하는 사람의 안목과 의도, 목적에 달려 있다.

안목이 뛰어나고 의도와 목적이 분명하면 채워 넣어야 할 정
보의 조건도 명확해진다. 그 조건에 맞는 정보만을 채로 거르듯
얻을 수 있다. 정보를 수집하기 전, 세워진 기준을 멤버들 모두
공유하며 일 처리하는 것도 중요하다.

4

생산적인 회의를 하려면
아이디어에
집중하라

▮▮▮▮   아이디어로 승부하고, 아이디어로 어려움을 이겨내라

　여러 사람이 한자리에 모여서 진행하는 것이 회의다. 회의할 때는 시간을 조정하고 서로 맞추기가 쉽지 않다. 회의에 참석하는 사람은 주변적인 이야기는 피하고 중요한 이야기, 본질적인 내용에 집중해야 한다. 한마디로, 회의란 사전에 공동 주제를 준비하고, 관련 자료를 수집한 뒤 함께 분석하고 토론하는 일이다. 이 귀중한 시간을 '앞으로 뭘 해야 할까?' 식 일의 순서 등을 확인하는 용도로만 사용한다면 시간 낭비다. 효율성을 떨어뜨리는 결과를 낳을 수밖에 없다. 공통 자료나 텍스트 없이 말로만 이야기 나눈다면 회의가 진행되기 어렵다.

　이런 상황에서는 두세 명마다 종이를 한 장씩 놓아주거나 화이트보드를 사용하는 것이 좋다. 문자는 주의를 환기하고 기억력을 높이는 데 효과적이므로 화이트보드를 회의에 사용하는 것은 기본이다. 회의가 진행되면 아이디어가 쏟아져 나온다. 가장 중요한 아이디어, 그다음으로 중요한 아이디어, 별로 중요하

지 않은 아이디어 식으로 구분하여 정리한다. 중요한 아이디어
는 실행에 옮긴다. 회의를 발전적인 방향으로 진행해야 한다.

회의가 시작되기 전, 회의록을 한 구절 한 구절 읽을 필요는
없다. "이것은 지난번 회의록입니다"라며 중요하지 않은 내용
까지 읽는 사람이 있다. 이는 시간 낭비. 회의가 비효율적이
고 비생산적이 되기 쉬운 이유는 참석자의 의견을 모두 수렴하
려고 하기 때문이다. 의견을 내는 데 만족하지 말고 아이디어를
내야 한다. 덮어놓고 반대 의견을 말하기보다 건설적인 방향으
로 고민하라고 권하고 싶다.

모든 일은 아이디어로 승부해야 한다. 이 점을 놓치지 않으면
목적이 뚜렷해진다. 작업 과정에 생기기 쉬운 낭비 요소도 줄어

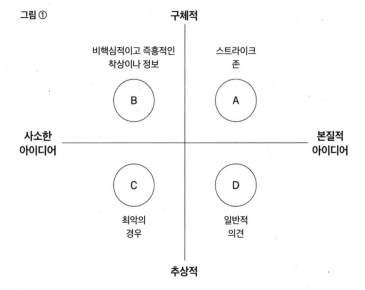

그림 ①

구체적

비핵심적이고 즉흥적인
착상이나 정보

B

스트라이크
존

A

사소한
아이디어

본질적
아이디어

C

최악의
경우

D

일반적
의견

추상적

든다. 현실적인 문제를 어떻게 풀고, 주어진 과제를 어떻게 해결할 것인가. 회의의 목적도 여기에 있다. 장황하게 상황을 설명하거나 원론적인 문제를 언급할 필요가 없다.

회의에 참석할 때는 본질에서 벗어나지 않으면서도 구체적인 아이디어를 내겠다는 목표를 세워야 한다. 그림 ④의 좌표축을 보자. A 부분은 아이디어의 스포트라이트 존으로, 본질적이고도 구체적인 아이디어다. B 부분은 구체적이면서 사소한 아이디어로, 핵심에서 벗어났거나 즉흥적으로 떠오른 생각·정보 같은 것이다. 구체적인 보고 사항 등이 여기에 속한다.

C 부분은 본질적이고 추상적인 아이디어다. 일반적 견해가

제3장 | 핵심을 쥐고 있으면 문제는 해결된다

이에 해당한다. D는 추상적이면서 사소한 아이디어다. 네 부분 중 가장 안 좋은 내용이다. 회의에서는 단 하나의 아이디어를 제시하더라도 본질적이면서 구체성을 지닌 A 부분의 아이디어를 내려고 노력해야 한다. 9회 말 만루 역전 홈런처럼, 아이디어 하나로 모든 문제가 해결될 수 있기 때문이다. A 부분의 아이디어를 끌어낼 수 있다면 가치가 충분하며 성공적인 회의가 된다.

▋▎▌ 다른 아이디어에 대한 비판은 좀 더 뛰어난 아이디어를 제시하기 위한 것일 때만 의미 있다

언젠가 나는 어린아이들에게 독서를 권장하는 프로그램을 개발하기 위해 열린 회의에 참석한 경험이 있다. 그 회의에서 많은 의견이 나왔는데, 그중 '왜 독서를 해야 하는지 생각해보자'라는 문제 제기도 있었다. 나는 독서 활동을 장려하기 위해 진행되는 회의이니 그런 원론적인 이야기는 토론 주제에서 빼는 것이 좋겠다고 말했다. 그러자 그 의견을 낸 사람은 나의 문제 제기를 '독서를 하든 하지 않든 중요하지 않다'라는 의도에서 나온 것으로 잘못 받아들였다.

나는 독서를 활성화하는 방안으로 '생활 통지표에 독서 활동 점검 항목을 추가하자'라는 아이디어를 냈다. 생활 통지표에 아이의 품성과 행동거지, 교과 성취도 등을 적는 항목이 있는데, 여기에 독서 활동 정도를 평가하고 기록하는 항목을 만들고 실행에 옮겨 교사와 부모, 아이들의 인식 변화를 함께 꾀하자는 의도에서 떠올린 아이디어였다. '인식을 바꾸자', '더 열심히 노력하자' 식의 표어성 주장이 아니라 위의 아이디어와 같은 구체적인 방법을 사용하면 변화를 이룰 수 있기 때문이다.

회의에 참석한 모든 사람이 나의 아이디어를 긍정적으로 받아들인 것은 아니었다. '너무 강제적이다', '이 아이디어에 반발하는 교사와 학부모가 적지 않을 것이다' 식의 반대 의견도 나왔다. 그런 반대 의견이 이해되지 않았다. 회의 참석자 중에는 나의 아이디어를 긍정적으로 받아들이며 지지 의사를 표명하는 이도 있었다. 수학자 후지와라 마사히코 교수가 그중 하나였다. 그는 "바로 이건데, 나는 왜 지금까지 이 생각을 못 했을까?"라고 말하며 무릎을 쳤다.

다른 사람의 아이디어를 비판하기는 쉽다. 그러나 비판만으로는 아무것도 얻을 수도 없고, 긍정적인 변화를 기대할 수도 없다. 다른 사람의 아이디어에 대한 비판은 더 뛰어난 아이디어를 제시하기 위한 비판일 경우에만 의미가 있다.

어떤 아이디어가 본질적이고 구체적이며 결정적인지 판단하는 감각도 필수적이다. 그런 감각을 지니고 있다면 아이디어를 내는 일은 어렵지 않다. 아이디어와 일이란 그런 것이다.

5

'남길 것인가', '버릴 것인가', 그것이 문제로다

▮▮▮▮ **냉장고를 신발장으로 사용하는 극단적 방법까지 동원해야 했던 이유**

수납·정리할 때 맨 먼저 할 일은 무엇일까? '남길 것인가', '버릴 것인가' 하는 판단이다. 곤도 노리코는 주방에 쌓여 있는 물건을 정리할 때 남길 물건과 버릴 문건을 구분하는 일부터 시작한다고 한다. 이때 가장 염두에 두어야 할 점은 장소가 아닌 물건 종류에 따라 분류하는 일이다.

먼저 선반과 싱크대 아래쪽, 찬장 안의 식료품을 모두 꺼낸다. 이 단계에서는 약간의 결정 장애가 있는 사람이라도 어렵지 않게 버릴 것과 남길 것을 구분할 수 있다. 상품마다 유통기한이 표시돼 있기 때문이다. 여기까지 마치면 본격적인 정리를 위한 준비 운동을 마친 셈이다.

나는 정리 정돈에는 젬병이지만, 음식물 쓰레기가 얼마나 골칫덩이인지는 안다. 유기물인 식료품은 그냥 두면 썩기 마련이다. 무기물인 책이나 옷 따위 물건은 아무리 많아도 심각한 문

제를 일으키지 않지만, 먹을거리는 다르다. 방의 어딘가에 그런 게 남아 있으면 구더기가 끓고 바퀴벌레가 꼬인다.

학창 시절 나 역시 그런 경험을 한 적이 있어서 지금도 음식물 쓰레기만은 철저하게 관리하는 편이다. 묘하게도, 냉장고가 있으면 오히려 버려야 할 음식물을 버리지 않아 문제가 되는 경우가 많다. 고민 끝에 냉장고를 신발장으로 사용하는 극단적인 방법까지 동원한 적이 있을 정도다. 음식물 쓰레기의 근본 원인이 되는 식자재를 집 안에 두지 않기로 한 것이다. 그러고도 오래 버텼다 싶다.

식료품 분류가 끝나면, 조리 기구를 정리할 차례다. 조리 기구 정리는 어렵지 않다. 자주 사용하는 물건과 자주 사용하지 않는 물건을 구분할 수 있기 때문이다. 그다음은 식기, 잡화 순이다. 밀폐 용기는 마지막에 정리한다. 남은 수납공간을 고려해 정리하면서 불필요한 것을 버리면 된다.

주방과 방을 효과적으로 정리하는 기술은 뭘까? 쉽게 분류할 수 있는 물건부터 정리하면 된다. 이 기술은 서재나 사무실 정리에도 적용된다. 『초 정리법』은 서재나 사무실을 정리할 때 사용할 수 있는 기술을 소개한다. 이 책에서 저자는 '무엇이든 시간이 오래 지나면 버린다'라는 원칙을 강조한다. 그녀는 자신이 가진 모든 물건에 유효 기간을 정한뒤 기한이 지나면 미련 없이 버린다고 한다. 이 원리는 도요타식 경영에도 활용된다. 도요타는 1년에 한두 번 사용하는 물건은 구매하지 않고 임대해서 이용한다. 임대료가 비싸더라도 구매 비용에 비하면 저렴한 편이기 때문이다. '자주 쓰지 않는 물건은 사내에 두지 않는다'가 도요타식 관리 원칙이다.

"권리 위에서 잠자는 자는 법의 보호를 받지 못한다"라는 명언이 있다. 권리를 보장받은 사람이 그것을 정당하게 행사하지 않으면 박탈될 수 있다는 의미다. 그와 같은 원리가 정리·수납 기술에도 적용된다. 제아무리 품질이 좋은 것이라도 사용하지 않는 물건이라면 버려야 한다.

서류를 정리할 때도 마찬가지다. 작성한 지 3년이 지난 문서는 중요하다고 생각해서 보관했겠지만 효용가치를 상실한 것이다. 3년 동안 한 번도 꺼내 보지 않은 문서에 무슨 효용가치가 있겠는가.

▮▮▮▮ 물건마다 사용 기간, 즉 그 장소를 차지하고 있어도 좋다고 허락된 기간을 정하라

나는 물건을 버리는 일에 서툰 편이다. 물건을 잘 버리지 않는 집안에서 자랐기 때문이다. 뭔가를 버리는 편보다 잡동사니 물건들 속에 파묻혀 지내는 편이 마음 편할 정도다.

주변이 정리돼 있어야 마음이 편한 사람이 있는가 하면, 잡다한 물건에 둘러싸여 있어야 정신적으로 안정되는 사람도 있다. 나는 가구 등 이런저런 물건으로 집안이 채워져 있어야 안심된다. 가구를 제작하는 집에서 태어나고 자란 탓이 아닐까 싶다. 어딘가로 이사하면 이내 방안이 가구로 가득 차게 되는 것도 그래서다. 묘하게도, 그래야 마음이 안정되고 편안해진다. 장기將棋의 대가 요시하루는 대회를 치르기 전 여관에 도착하면 자신이 가져온 물건을 모두 꺼내어 방안의 공간을 채우는 습관이 있다고 한다. 나도 그와 비슷하다.

잡다한 물건 속에 파묻혀 정신없는 상태에서 어떻게 생활할까 싶어도 불편 없이 지낸다. 자주 사용하는 물건과 거의 사용하지 않는 물건을 구분하는 방법만으로도 불편함이 해소되기 때문이다. 이는 자주 사용하는 물건을 더 자주 사용하고 익숙하게 하는 기술이다.

스포츠에도 이 원리가 적용된다. 테니스를 예로 들어보자. 서브나 포핸드forehand(테니스, 탁구 등의 경기에서 팔을 뻗은 채로 공을 치는 정상적인 타구법-옮긴이)는 매번 사용하는 방법이다. 곁에 두고 수시로 사용하는 도구 같은 것으로, 평소 꾸준히 기술을 연마해야 한다. 백핸드 스매시는 열 경기에 한 번 사용할까 말까 할 정도로 사용 빈도가 낮은 기술이다. 뭘 잘 모르는 나는 그 훈련을 열심히 한 적이 있다. 어리석은 일이었다. 이런 낭비 요소를 없애고 우선순위를 정해 범위를 좁혀가야 한다. 나머지는 버려야 한다. 이것이 정리 정돈의 기본 원리다.

효과적인 정리 정돈 기술을 살펴보자. 물건마다 사용 기간을 정한다. 이는 식료품의 유통기한에 해당한다. 그 장소를 차지하고 있어도 좋다고 허락된 기간이다. 누군가에게 선물 받은 식기처럼, 자신이 구매한 물건이 아닐 때 어떻게 해야 할까? 오랫동안 사용하지 않은 채 특정 공간을 차지하고 있다면 처분해야 한다. 자기 몸과 생활 습관에 익숙해진 물건 위주로 공간을 배치하고 소중히 여겨야 한다. 새로 산 물건이라도 쓰기에 불편하면 버리거나 처분하고, 낡은 물건이라도 오랫동안 사용하여 익숙해진 물건이라면 가치 있다고 판단해 보관하는 식이다. 지갑도 되도록 명품을 사서 오래 사용하는 것이 현명하다고 생각한다. 오래 사용한 지갑에는 사용하는 사람의 생활 습관, 소소한 체험 등이 배어 있기 때문이다. 그런 물건을 소중히 간직하며 사용하면 그 안에 스며 있는 경험이 되살아나 유익한 상황이 만들어진다.

일 처리 기술이
모든 업무의 중심이다

1

핵심을 놓치지 않으면서
정중앙 부분은
느슨한 상태로 남겨두라

Ⅱ/// 우두머리 목수는 어떻게 모든 일꾼이 효율적으로 일하는 시스템을 구축하는가

예로부터 장인匠人들의 세계에서는 '단도리'라는 단어가 오늘날의 일 처리 기술과 비슷한 뉘앙스로 사용돼왔다. 오늘날 이 단어는 '무슨 일에서든 준비하는 데 충분한 시간과 노력을 쏟아부으면 목표를 80퍼센트 정도 달성한 셈'이라는 의미로 일반인 사이에서도 폭넓게 사용된다. 이는 일 처리 기술을 연마하는 일이 무엇보다 중요하다는 인식을 일본인들이 오래전부터 가지고 있었다는 것을 보여준다. 현대 사회에서는 일 처리 기술을 눈으로 보듯 또렷이 확인하기 어렵다. 뭔가 정보를 가공하여 사용할 뿐 옛날 장인들처럼 실제로 현장에서 몸을 써서 뭔가를 생산하는 일은 드물기 때문이다.

『오층탑』(1893)은 작가 고다 로한幸田露伴, 1867~1947이 쓴 소설이다. 이 작품에는 우두머리 목수 주베가 등장하는데, 그의 탁월한 일 처리 기술이 소개된다.

나무를 찍는 도끼 소리, 널빤지를 깎는 대패 소리, 구멍을 파고, 못을 박고…… 탕탕- 탁탁-, 작업 과정에 나는 온갖 소리가 이어진다. 나뭇조각이 바람에 날리듯 흩날리고, 맑은 하늘에서 눈 내리듯 톱밥이 쏟아진다. 간노지 경내의 오층탑 건축 현장은 언제나 활기를 띤다. 어떤 일꾼은 목을 죌 듯 갑갑한 갈색 무명 작업복 윗옷을 걸치고 있고, 어떤 일꾼은 짚신을 대충 신은 채 일하고 있고……. 일꾼 중에는 영리하게 일을 처리하는 이도 있고, 땀과 흙먼지로 지저분해진 수건을 어깨에 걸친 채 양지바른 곳에 자리 잡고 앉아 끌을 가는 초라한 옷차림의 노인네도 있다. 연장을 찾아 헤매다니는 남자아이, 쉼 없이 나무를 자르는 막노동꾼, 땀 흘려 분주히 일하는 사람들과 그들의 크고 작은 걱정 사이로 우두머리 목수 주베가 나타난다. 그는 일꾼들의 직업 상황을 감독도 할 겸 먹줄 통, 대나무, 곱자 따위를 들고 자기 마음속에 있는 이미지를 구현하기 위해 작업을 지시하고 명령을 내린다. 이렇게 잘라라, 저렇게 파라, 여기를 이렇게 하고, 저기를 저렇게 해서 거기에 이만큼 경사지게 하라, 볼록 튀어나온 것이 몇 치하며 말로 먼저 알려주고, 끈으로 길이를 재서 한 번 더 알려준다. 복잡한 것은 나뭇조각에 곱자를 대서 직접 표시해주기도 하고…… 분주하게 오가며 일한다. 그가 조각해야 할 그림을 그려주기 위해 얘기 나누고 있을 때 멧돼지가 돌진하듯 흙먼지를 일으키며 달려온 세키치.건축 현장의 우두머리 목수가 해야 할 일은 모든 일꾼이 효율적으로 일할 수 있는 시스템을 구축하는 것이다. 여기에는 최종 설계와 구체적인 미래상이 포함돼야 한다. 각각의 일꾼들까지는 아니더라도 우두머리 목수만은 명확한 미래상을 가지고 있어야 한다. 고다 로한의 소설 『오층탑』은 우두머리 목수가 오층탑을 세운다는 생생한 미래상을 가진 채 일꾼 한 명 한 명에게 합리적으로 일을 배분하고 일사불란하게 움직이게 하는 장면이 잘 묘사돼 있다. 늙은 일꾼은 체력이 달리지 않는 수월한 일을 하고, 체력이 왕성한 젊은 일꾼은 또 그에게 맞게 근력이 없으면 하기 어려운 일을 하는 것이다. 오층탑 건축 현장의 모든 일꾼이 부지런히 움직이며 열정적으로 일하는 모습이 눈앞에 생생하게 그려지는 듯하다.

모든 사람이 힘을 합쳐 생산적으로 일하는 모습을 보고 있으면 기분이 좋아진다. 일한다기보다는 뭔가 적성에 맞는 취미 활동이나 운동을 하는 느낌이라고나 할까. 이는 우두머리 목수가 탁월한 일 처리 기술을 가졌기에 가능하다. 어떤 조직이든 경영자나 리더가 뛰어난 업무 능력을 갖추지 못한다면 앞으로의 일을 예측하고 대응할 수 없기에 성과를 거두기 어렵다.

공부든 일이든 마찬가지다. 자기 안에 동력을 만들지 못하면 성과를 창출하기는커녕 제대로 진행하기조차 어렵다. 일을 마친 후 왠지 불안한 마음이 들거나 산뜻하지 않은 기분이라면 진행 과정에서 역량을 충분히 발휘하지 못했다는 간접 증거인 셈이다.

기발한 아이디어를 내라며 독촉하는 상사에게 힘들여서 아이디어를 정리해서 제출한다. 상사는 그 아이디어를 안건으로 올릴 생각도 하지 않고, 책상 서랍 안에 던져놓고 방치한다. 직장인이라면 한 번쯤 겪었을 상황이다. 누구라도 헛고생만 했다는 생각이 들 수밖에 없다. 최선을 다한 일이 수포가 돼버렸기 때문이다.

자신의 열정과 노력이 성과로 열매 맺게 하고 싶다면 일 처리 기술을 연마해야 한다. 일 처리 기술과 업무 능력이 뒷받침되지 않으면 열정과 노력은 밑 빠진 독에 부은 물처럼 사라지기 쉽다. 일 처리 기술과 업무 능력은 우두머리 목수, 혹은 경영자가 우선순위에 두고 노력해야 할 핵심 요소다. 일 처리 기술이 뛰어난 사람, 탁월한 업무 능력을 갖춘 사람이 리더나 경영자가 되어야 한다는 의미다.

경영자가 모든 일을 세밀한 부분까지 탁월하게 잘해야 한다는 얘기는 아니다. 그가 갖춰야 할 진정한 능력은 여러 분야의 탁월한 능력을 갖춘 사람들을 통합하고 조정하여 시너지를 내게 하는 데 있다. 이것이 기획개발팀 안에서 사업계획 목표를 달성하기 위해 애쓰는 프로젝트 리더가 갖춰야 할 자질이기도 하다. 대단한 것을 창조하는 사람만이 프로젝트 리더가 될 자격이 있는 것은 아니다. 일상의 작고 사소한 일로도 가능하다. 여러 사람이 모임 할 때 그 안에 리더십을 갖춘 사람이 있다면 모든 참석자가 즐겁고 유익한 시간을 보낼 수 있다.

친한 친구들을 작은 아파트인 우리 집에 초대해 파티를 즐긴 적이 있다. 우리는 와인을 마시며 비디오를 시청하고, 니체를 전공한 사람의 강연에 가까운 이야기를 듣고, 마음을 터놓고 이야기 나누며 즐겁게 지냈다. 예정된 모임이 아니었고, 어쩌다가 우리 집에서 열린 것이었다. 모임 아이디어를 낸 한 친구가 초대장과 그날의 진행표, 식사와 후식까지 빈틈없이 준비했다. 파티 당일 처음 만나는 사람이 있었음에도 어색함 없이 유쾌한 시간을 보낼 수 있었던 것은 그 덕이었다.

모임 아이디어를 내고 완벽하게 준비한 친구는 프로젝트 리더 자질을 갖춘 사람이다. 그가 프로젝트 리더로서 아이디어를 내고, 진행표와 초대장을 만들고, 식사와 후식까지 준비하지 않았다면 우리는 즐겁고 유익한 시간을 보내지 못했을 것이다. 이것이 뛰어난 일 처리 기술이 가진 매력 포인트의 하나다.

일 처리 기술은 자신에게 유익할 뿐 아니라 다른 사람도 이롭게 하는 근사한 능력이다. 주위에 뛰어난 일 처리 기술을 가진 사람이 있다면 당신은 그와 합심해서 에너지를 끌어올릴 수 있을 뿐 아니라 즐겁고 유익한 시간을 보낼 수 있다. 이것이 일 처리 기술이 가진 효용성이다.

IIIA 예상치 못한 긍정적인 결과를 끌어내는 '여백'의 힘

자신에게 주어진 일을 잘 처리했다고 해서 그가 충실한 시간을 보냈음을 의미하지는 않는다. 모든 일을 깔끔하게 마무리 지었다고 해서 무조건 보람찬 경험이나 만족스러운 시간으로 남는 것도 아니다.

내가 이 책에서 '일 처리 기술'이라는 말을 반복해서 사용하는 이유는 뭘까? '큰 뼈대를 만든다'라는 어감을 풍기기 때문이다. 분 단위로 스케줄을 짜고, 그에 따라 움직이는 것은 일 처리 기술을 연마하고 업무 능력을 갖추는 일과는 관련이 없다. 일 처리 기술이라고 할 때 머릿속에 떠오르는 것은 '뼈대만 세워두고, 나머지는 융통성을 발휘할 수 있도록 여백으로 남겨둔다'라는 이미지가 강하기 때문이다. 일의 진행 과정에서 '여백'을 마련하는 일은 중요하다. 빈틈없이 계획을 세우는 것도 바람직하지 않다. 여백에서 창조될 수 있는 유익한 무언가가 싹도 틔우지 못한 채 사장될 위험이 있기 때문이다.

심포지엄에서 네 명의 발언자가 있는데, 그들 각자에게 적절히 시간을 할당하여 10가지씩 질문한다고 해보자. '한 가지 질문당 답변하는 데 사용할 수 있는 시간은 1분' 하는 식으로 빠듯하게 정해놓으면 답변할 시간이 부족해 수준 낮은 설명이 되기 쉽다. 어떻게든 요점을 간추려서 대답할 수는 있겠지만, 상호 커뮤니케이션 작용으로 만들어지는 시너지를 기대하기는 어렵다.

창의적이고 유익한 시간은 어떻게 만들어질까? 한자리에 모인 구성원 전체가 내놓은 아이디어가 뒤엉킨 채 일순간 혼돈에 빠졌다가 질서를 찾아가며, 그 안에서 다시 무언가가 솟아날 때 만들어진다. 많은 아이디어가 서로 거칠게 충돌하며 어떻게 질서를 잡아야 할지 갈피를 못 잡다가, 천천히 리듬을 되찾아가는 역동적인 과정이 꼼꼼한 스케줄을 짜는 과정에서 사라진다.

일 처리 기술과 업무 능력을 갖춘 사람은 회의 참석자들이 '오늘 주요 안건이 뭐야?' '왜 모인 거야?' 하는 의구심을 품지 않도록 핵심을 벗어나지 않는다. 계획을 세울 때 여백을 남겨둔다. 자기가 해야 할 일도 파악해둔다. 핵심을 벗어나지 않으면서도 정중앙 부분은 느슨한 상태로 남겨둔다. 어떤 상황에서도 여유를 잃지 않기 위해 대비하는 과정이다.

'여유를 잃지 않기'는 함축성을 지닌 표현이다. 자동차에 빗대어보자. 자동차 핸들은 1~2센티미터 정도의 입력이나 조작으로는 타이어가 쉽게 움직이지 않도록 설계되어 있다. 그 정도의 여유가 설계 단계에서 마련돼 있지 않다면 차들이 씽씽 달리는 고속도로에서 핸들을 살짝만 꺾어도 대형 참사로 이어질 위험성이 높다.

'여백'은 일 처리 과정에서 중요하며, 예상치 못한 긍정적인 결과를 끌어낸다. '여백'의 가능성을 현실화하고 극대화하는 것이 일 처리 기술이며 업무 능력이다.

　지금까지 여러 유형의 일 처리 기술을 소개했다. 한 가지 더 언급하고 싶은 것이 있다. 순간적인 위기 상황에서도 여유를 잃지 않고 융통성 있게 판단하고 대처하는 능력이 일 처리 기술에 의해 발휘된다는 사실이다. 일 처리 기술이 뒷받침되면 인생을 살아가면서 만나는 크고 작은 위기 상황도 이겨낼 수 있다.

IIIⅡ　핵심 경험에 다른 경험을 더해가며 일 처리 기술을 연마하라

　　　일 처리 기술을 하나도 가지고 있지 않은 사람은 없지 않을까. 업무 능력이 상대적으로 떨어진다고 스스로 생각하는 사람조차 자기가 좋아하는 일에 대해서만은 나름의 일 처리 기술을 활용하여 업무 효율을 높이면 된다. 그러면 다른 사람들도 '저 사람은 다른 일은 몰라도 이런 일만은 깔끔하게 잘 처리하니까 그에게 맡겨보자' 하고 중지를 모은다. 어떤 사람이 어떤 부문에 남다른 능력을 갖추고 있다는 사실을 간파하면 '이후의 구체적인 진행은 그에게 맡기자', '큰 틀을 잡는 일은 그녀에게 일임하자' 하는 식으로 작업을 분담할 수 있다. 조직 관리 측면에서도 효율적인 업무 처리 방식이다.

　나는 작가라는 직업 덕분에 편집자와 함께 일하는 경우가 많은데, 담당 편집자의 성향과 작업 스타일에 따라 다른 일 처리 기술을 사용한다. 예를 들자면, 이런 식이다. 먼저, 취재 활동을 잘하는 편집자에게는 서점을 다니며 집필에 참고할 만한 책과 잡지 등 관련 자료를 수집해달라고 요청한다. 꼼꼼한 성격을 가진 편집자에게는 최종 오케이 교정과 세부 내용 확인을 부탁한다. 저마다 자신 있어 하는 일 처리 기술을 활용할 수 있도록 작업을 배분하는 것이다. 일 처리 기술을 새롭게 개발하려 애쓰기보다는 각 사람이 가진 기술과 능력을 끌어내어 활용하기 위해 노력해야 한다. 이 방향으로 일을 추진하다 보면 누구나 자신감을 느낀다. 제대로 된 팀플레이는 이렇게 이루어진다.

당신의 기업을 일 잘하는 조직으로 탈바꿈시키고 싶다면 각 구성원이 어떤 뛰어난 일 처리 기술을 가졌는지부터 파악해야 한다. 각각의 성격과 경력까지 고려하다 보면 정보가 많아져서 혼란스러워진다. 그들이 어떤 부문에 탁월한 일 처리 기술을 가졌는지만 알면 된다. 조직이 달성해야 할 목표와 그 과정에 해야 할 일, 저마다 가진 일 처리 기술을 연결할 수 있다면 톱니바퀴가 잘 물리듯 일이 돌아간다. 이쯤 되면 목표 달성이 눈앞의 현실로 다가오고 성공은 떼어놓은 당상이 된다.

구성원 중 한둘이 부서 이동하더라도 문제는 없다. 그들이 가진 일 처리 기술을 새 업무에 접목하도록 유도하면 된다. 누군가가 업무 성격이 다른 경리직에서 영업직으로 이동한다고 해보자. 이럴 때도 동요하거나 혼란스러워할 필요가 없다. 그에게는 갈고닦은 일 처리 기술이 있으므로 공통 요소가 발견될 테니 말이다. 담당해야 할 업무가 달라진다고 해도 실망하거나 의기소침할 필요는 없다. 일 처리 기술만 받쳐준다면 무슨 일이든 해낼 수 있다.

핵심 경험(필드)이 있으면 여기에서 출발하여 다른 경험을 더해가라. 이 과정에 일정한 법칙(변수)이 만들어진다. 일 처리 기술은 이렇게 연마된다. 이 과정에 법칙화한 것이 기술이 된다. 기술이 되면 필드가 적힌 괄호 안의 요소, 즉 경험이 다른 것으로 바뀌어도 법칙은 달라지지 않는다.

부서를 이동하든 업무가 바뀌든 일 처리 기술을 활용하여 대처하면 걱정할 것이 없다. 부서가 바뀌고 업무가 바뀌었으니 원점에서 다시 시작해야 한다고 생각하는 것과 경리 업무를 통해 개발한 일 처리 기술이 있으니 새롭게 응용하면 된다고 생각하는 것 사이에는 큰 차이가 있다.

후키자와 유키치는 오사카에 머무르는 동안 네덜란드어를 통달했다. 요코하마에 돌아와 보니, 주류 외국어가 영어로 바뀌어 있었다. 처음엔 맥이 쭉 빠졌으나, 이내 그는 생각을 고쳐먹고 다시 공부에 매진했다. 그 결과 괄목상대刮目相對라는 말에 걸맞게 영어 실력이 향상되었다. 언어 공부에 필요한 일 처리 기술이 몸에 배어 있었기 때문이다.

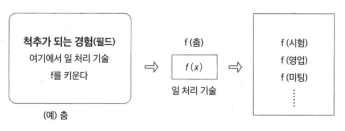

그림 ② 일 처리 기술은 응용할 수 있다

자신이 담당해야 할 업무를 일 처리 기술을 익히기 위해 주어지는 좋은 기회로 여기라고 권하고 싶다. 그렇게 함으로써 각 업무에 필요한 구체적인 정보와 세부 약속은 변동성이 큰 요소에 지나지 않는다는 사실을 깨닫게 된다. 이는 아이디어를 자극하고 유연한 사고방식을 갖는 좋은 방법이다.

방 정리하는 일과 글 쓰는 일, 경리 서류를 작성하는 일을 예로 들어보자. 이 일들은 제각각 서로 다른 일처럼 보이지만, 모두 '변화하는 요소'일 뿐이다. 이 3가지 일을 일 처리 기술에 적용하면 본질적으로 동일하다. 이런 방향으로 생각의 흐름을 바꾸면 언제 어떤 상황과 맞닥뜨려도 능동적으로 대처할 수 있다. 이것이 뛰어난 일 처리 기술이 지닌 효용성이다.

이 개념을 명확히 이해하기 위해 위의 그림을 살펴보자. 춤 연습으로 일 처리 기술을 연마했다고 가정하면 f(춤)가 된다. 그림에서 보듯, '춤'에서 '영업'으로 요소가 바뀌어도 일 처리 기술(f)은 변하지 않는다.(그림 ② 참조)

제4장 | 일 처리 기술이 모든 업무의 중심이다

2

자기 안의 '그릇'을 만들고 키우는 일이 중요한 이유

▮▮▮ '비탈길'이 아닌 '계단'을 오르듯 일 처리 기술을 연마하라

일 처리 기술이란 업무를 수행하는 데 필요한 요소다. 한 계단 한 계단 계단을 밟고 올라가듯 일 처리 기술을 연마해야 한다. 밟아야 할 단계가 10단계라면 '지금 3단계다', '이제 8단계까지 갔다' 식으로 성취도를 말로 표현할 수 있다.

그림으로 보여주면 이해하기 쉽다. 그림 ③의 선은 일 처리 기술의 단계를 나타낸다. 일 처리 기술을 전체 계단을 이루는 한 단 한 단으로 보면 된다. 단과 단을 이어주는 수직 부분에서는 급격한 향상이 일어난다. 한 가지 일을 깔끔하게 마무리하면 다음 단계로 올라설 수 있다.

중요한 것은 일 처리 기술이 계단의 단으로 이루어져 있다는 점과 단마다 질적인 차이가 존재한다는 점이다. 성격이 다른 활동을 배분하는 능력이 일 처리 기술이기도 하다.

일 처리 기술 관점에서 성격이 비슷한 작업이나 활동은 같은 것으로 간주한다. 어느 부분에서 질의 변화가 일어나는데, 그 변

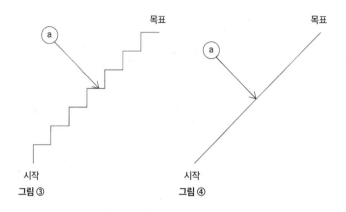

그림 ③   그림 ④

화 지점과 시점을 파악하는 것이 일 처리 기술이다. 이런 식의 단락 짓기가 일 처리 기술의 핵심이다.

그림 ③의 선에는 질적인 변화를 의미하는 단절이 있고, 그것이 명확히 구분되는 단으로 바뀌며 진행된다. 그에 반해 그림 ④의 선에서는 질의 변화가 없고 양의 변화만 이루어진다. 둘의 차이는 어마어마하다. 질의 변화 없이 양의 변화만 이루어진다면 어떻게 될까? 지금 하는 일이 어디로 흘러가는지, 잘 진행되고 있는지, 성장하고 발전하는지, 다시 퇴보하는 건 아닌지, 최종 목표에 도달할 수 있는지 파악하기 어렵다. 그러나 질적으로 다른 단계를 파악하고 있다면 마음의 여유를 잃지 않으며 일을 처리할 수 있다.

'계단'과 '비탈길'에 빗대어 생각하면 차이를 이해할 수 있다. 단조롭게 올라가며 길게 뻗어 있는 비탈길보다 약간 가파른 계단이 오르기도 수월하고 실감도 난다. 단을 나눠서 오르기 쉽게 하는 것이 일 처리 기술을 연마하는 데 있어서 필수적이다.

인류가 발명한 물건 중에서 가장 효율적이고 합리적인 것을 꼽으라면? '계단'을 꼽고 싶다. 피라미드도 계단 모양으로 돼 있는데, 계단이라는 형식 자체는 고대 이집트 시대나 지금이나 차이가 없다. 기원전 고대사회로부터 현대 사회에 이르기까지 항상 계단이 존재하고 일상적으로 사용돼왔다는 사실만 보아도 얼마나 위대한 발명품인지 실감이 간다.

자연계는 연속으로 이루어져 있다. 그것을 중간중간 생략하고, 필요한 부분마다 강약을 주고, 때론 단절시키는 과정에서 인류의 뛰어난 지혜가 발휘되고 위대한 문화가 창조되었다.

계단이 지닌 뛰어난 점이 더 있다. 한 단을 가볍게 건너뛰다가는 위험에 빠질 수 있으며, 일을 그르칠 수 있음을 깨닫게 한다는 점이다. 직선에서는 한 점을 건너뛰어도 괜찮지만, 계단은 하나라도 단을 건너뛰면 바로 표가 나므로 실수가 줄어든다. 실수의 범위를 그 계단 안에서 수습할 수 있다는 점도 빼놓을 수 없다. 그림 ③의 a 점에서 실수가 생겨도 다른 계단과는 질적으로 다르므로 그 범위 안에서 수습할 수 있다. 비유하자면, a 점에 구멍이 뚫려서 물이 새더라도 그릇인 일 처리 기술이 뒷받침되므로 그 단계에서 해결하면 물이 새는 것을 막을 수 있다.

그림 ④의 a 지점에서 물이 새기 시작하면 그 여파가 어디까

제4장 | 일 처리 기술이 모든 업무의 중심이다

지 미칠지 가늠하기 어렵다. 실수는 언제 어디서든 일어날 수 있다. 그러나 일 처리 기술을 연마하면 예기치 못한 실수가 생기더라도 부정적인 효과를 최소화할 수 있다. 이 또한 일 처리 기술이 지닌 효용성의 하나다.

실수의 여파가 번지지 않도록 조절하고 바로잡을 수 있는 '그릇'을 지닌 사람은 일 처리 기술을 갖춘 사람이다. 한 번의 실수로 인해 그릇 안의 물이 새어 나가 빈 그릇만 남는 사람은 일 처리 기술을 연마하지 못했음을 간접 증명한다. 자신이 지지리도 운이 따라주지 않는 사람이라고 불평하거나 낙담하기 전, 예기치 않은 실수나 돌발사태에 대비하여 일 처리 기술을 연마하는지 스스로 살피고 돌아보아야 한다.

질적인 차이 변화를 기준으로 영역과 범위를 정한 뒤 활동하는 것은 중요하다. 종류별로 번호를 매겨 작업이나 활동을 분류하라고 하면 모든 항목에 똑같이 번호를 매기는 사람이 많다. 그래서는 안 된다. 같은 질을 가진 직업이나 활동을 같은 범주로 묶고, 항목마다 차이를 두어 정리하는 것이 좋다. 등급 차이를 확실하게 정해두자는 것이다. 이는 일 처리 기술을 연마하는 과정에 꼭 필요한 재간이다.

장과 절, 항마다 등급 서열이 다르다. 우선순위와 중요도가 다르기 때문이다. 세부 요소와 세세 항목에 얽매이다가 큰 구조를 놓치거나 소홀히 하면 마감일까지 일을 마무리하기 어렵다.

질의 차이가 있는 것을 적절히 배분하고, 어느 지점과 어느 시점에 작업과 활동의 질이 근본적으로 변화하는지 파악하는 능력을 갖춰야 한다. 이 또한 핵심적인 일 처리 기술이다. 이것이 뒷받침된다면 당신이 지금 하는 모든 일이 수월해지고 원활하게 돌아갈 것이다.

▌▌▌ 일 처리 기술의 미묘한 '선'을 간파하라

어떤 순서에 따라 작업할지 일을 시작하기 전에 정하는 것을 '진행표 만들기scheduling'라고 한다. 이것은 일 처리 기술과는 다르다. 일 처리 기술에는 다양한 유형이 있다. 진행표 만들기 과정에는 계획을 세우기만 하면 되므로 단순하고 알아보기 쉽다. 이 능력을 기르는 일은 훈련을 통해 가능하다. 일 처리 기술에는 몇 가지 유형이 있고, 그것에 맞는 일 처리 기술이 있기에 단순하지 않다.

사전에 진행표를 작성하는 것도 일 처리 기술의 하나다. 그렇게 하지 않았다고 해서 일 처리 기술이 떨어진다고 단정할 수는 없다. 사람들의 여행 유형만 살펴봐도 알 수 있다. 몇 월 며칠 몇 시에 자신이 어느 도시에 머무르고 있을지 그곳에 가기 전부터 숙지하고 있어야 직성이 풀리는 철두철미한 유형이 있다. 왕복

비행기표만 사전 예매하고, 나머지는 현장에서 마음 가는 대로 정하고 움직이는 유형도 있다.

나는 후자인데, 그 때문에 곤란한 일을 겪기도 한다. 언젠가 학회 참석차 노르웨이 수도 오슬로에 갔을 때의 일이다. 대도시에 빈방 하나 없을까 싶어 호텔을 예약하지 않았다. 이게 웬일, 방문하는 호텔마다 빈 객실이 없어서 한밤중에 무거운 트렁크를 끌고 오슬로의 변두리에 있는 호텔까지 지하철을 타고 이동해야 했다. 지금 돌이켜봐도 씁쓸하다.

이것도 일종의 '세렌디피티'라고 해야 할까. 고생스럽게 발품 팔아 시 외곽의 호텔까지 찾아간 덕에 생각지도 못한 체험을 했다. 아무리 주위를 두리번거리고 유심히 살펴봐도 호텔은 보이지 않았다. 마음이 불안해졌다. 수상쩍은 사람들이 내 트렁크를 노리는 것만 같았다. 어디로 가야 할지 몰라 역 부근을 어슬렁거리고 있을 때였다. 그곳의 불량배들이 공중전화기를 부수고 돈을 꺼내 가는 광경을 목격했다. 심장이 방망이질했으나 나름대로 인상적인 경험이 되었다. 생각하기에 따라서는 유쾌하기까지 한 일이었다.

일 처리 기술에는 미묘한 선이 있다. 세세하게 계획을 세우다 보면 경험의 폭이 좁아져 재미가 없고 역동성이 떨어진다. 계획을 세우지 않는 것도 곤란하다. 효율성이 떨어질 우려가 있기 때문이다. 혼자 움직이고 행동할 때는 괜찮지만, 다른 사람이 끼어들면 유쾌하지 않은 시간이 되기 쉽다. 일 처리 기술과 업무 능력이 떨어지는 상사를 둔 부하 직원의 처지를 상상하면 이해가 간다.

어떤 유형의 일 처리 기술을 연마할지는 성향에 따라 달라진다. 돌발 사건이나 갑자기 끼어드는 일로 스트레스받지 않고 즐기는 성격이라면 머리 써서 계획을 세우지 않아도 된다. 무슨 일이 일어나든 즐기면서 관리할 능력이 있기 때문이다. 예기치 못하게 일어나는 일에 신속하고도 융통성 있게 대처하기 어려운 사람이라면 대략이나마 계획을 세우는 것이 좋다.

▌▌/▌ 리듬에 맞게 강약을 줄 줄 아는 것이 제대로 된 일 처리 기술이다

일 처리 기술을 연마하는 과정에서 주의해야 할 점은 두 가지다. 첫째, 큰 틀을 벗어나지 않아야 한다는 점을 꼽을 수 있다. 둘째, 우선순위를 분명하게 정해두어야 한다는 점이다. 이 두 가지 점을 등한시해 좋은 결과를 얻지 못하는 경우가 많다.

시험을 치르는 상황을 예로 들어보자. 시험문제를 풀 때 첫 문제부터 머리를 싸매는 사람이 적지 않다. 앞쪽 문제에 너무 많은 에너지를 쏟다가 뒤쪽 문제는 시간이 모자라 손도 못 댄 채 끝난다. 앞쪽에 상대적으로 배점이 낮고 뒤쪽에 배점이 높은 문제가 배치되는 경우가 많기 때문이다. 일본인 중에 자주 볼 수 있는 경향으로, 좋게 생각하면 성실함을 방증하기도 한다. 그러나 중요한 점을 간파하지 못하고 우선순위를 정하는 데 어려움을 겪는다는 점에서 치명적인 약점이 될 수 있다.

도쿄대학교의 한 강의에서 나는 학생들 각자가 경험한 '돌파구breaking through'에 관한 일화를 이야기하게 한 적이 있다. 그날 그 시간에 이공계 학생 몇 명이 자신이 겪은 경험을 들려주었다. 그중 한 명은 고등학교 2학년까지만 해도 성적이 좋지 않았다고 한다. 그러던 중 선생님의 진심 어린 조언을 듣고 마음이 움직여 공부에 매진한 결과 수학 성적이 급상승했다.

당시 선생님이 해주신 유용한 조언 중 하나가 '뒤쪽부터 문제를 풀라'는 것이었다고 한다. 그대로 했더니 갑자기 실력이 향상된 것도 아닌데, 시험 점수가 크게 올라 목표로 세웠던 최고 명문 도쿄대학에 합격할 수 있었다.

시험공부는 우선순위를 정하는 능력을 키우는 데 소중한 기회를 제공한다. 이 훈련을 어설프게 하면 주어진 순서대로 문제를 푸는 습관에 젖을 위험이 있으므로 조심해야 한다. 나 또한 대학입시 시험문제를 여러 번 출제한 경험이 있어 이 점을 잘 알고 있다. 어려운 문제로 시작해서 쉬운 문제로 옮겨가도록 시험지를 만들면 대다수 학생은 정해진 순서대로 풀려고 하다가 중요한 문제를 풀기도 전에 시간이 종료되어 답안이 덜 채워진 시험지를 제출하고 만다. 상대적으로 덜 중요한 문제와 씨름하다가 정말 중요한 문제는 풀 엄두도 못 내고 끝난다.

인생 성공 비결을 딱 하나만 공개하겠다. 그것은 바로 핵심적인 부문에 에너지를 집중해서 쏟아붓는 것이다. 한 사람이 지닌 능력 자체보다 그가 가진 시간과 에너지를 어떻게 조절하고 사용하는가가 더 중요한 문제일 수도 있다.

나는 《주간 문예》의 한 고정칼럼 연재를 담당한다. 언젠가 그 코너에서 나폴레옹에 관해 다루기로 정해졌다. 나폴레옹 관련 도서를 여러 권 찾아 다시 한번 정독했다. 그 과정에서 전쟁에 관한 인상적인 명언을 발견했다.

> 군사학이란 주어진 여러 지점에 어느 정도의 병력을 투입해야 하는가를 계산하는 학문이다.

이는 『나폴레옹 언행록』이라는 책에서 인용한 문장이다. 한마디로 이 문장은 단번에 승부를 결정지을 수 있는, 이른바 급소가 되는 지점에 최대 병력을 집결시켜 전쟁을 승리로 이끌어야 한다는 의미를 담고 있다. 시험 문제를 하나하나 차례로 풀어가는 단순한 방식은 뛰어난 일 처리 기술이라 말하기 어렵다. 리듬에 맞게 적절히 강약을 줄 줄 아는 것이 제대로 된 일 처리 기술이라는 점을 잊지 말아야 한다.

IIII 기승전결을 근간으로 하는 연극 구조로 전쟁을 이해하는
천재 전략가 나폴레옹

『차례차례 군』이라는 만화책이 있다. '차례'는 무슨 의
미일까? '융통성 있게 일한다'의 뉘앙스가 아닐까. 만화책에 등
장하는 주인공은 생산적으로 일하는 한 남자다. 그가 '차례차례
군'이다. 그는 단순한 방식으로, 어떤 상황에서도 자신에게 불리
해지지 않도록 일을 진행한다. 이런 일 처리 방식도 필요하기는
하다.

책이 말하는 궁극적 일 처리 기술은 자기 안의 에너지에 강약
을 주어 리듬감을 살리며 진행하는 방법이다. 전체 업무의 어느
부분에서는 신속하게, 대강대강 일을 처리하다가도 성패 여부

가 달린 중요한 부분에서는 에너지를 쏟으며 전력투구하는 것
이다. 자타가 인정할 만한 성공을 이룬 사람은 예외 없이 이 특
징을 가지고 있다. 강약의 리듬을 갖지 않은, 단조롭기 짝이 없
는 일 처리 기술을 가진 이가 성공하기란 모래알 속의 진주를
찾기만큼이나 어렵다.

학자들의 경우, 오랜 시간과 많은 에너지를 한 가지 연구에
쏟아붓는 경우가 드물지 않다. 어떤 학자가 10년을 들여서 연구
를 진행한다고 해보자. 그 긴 시간 동안 그가 자기 생각 에너지
를 한 가지 주제에 효과적으로 투자하기 위해서는 강약 조절 기
술이 뒷받침되어야 한다. 주제를 잘 선택하고, 강약의 리듬을 갖
추어 일하고 연구하는 데 실패하면 자기 인생에 주어진 기나긴
시간을 허비하기 쉽다.

주제를 정하고 전체 틀을 구성하는 단계에서 에너지를 투입
할 때는 숙련된 일 처리 기술이 필수다. 이는 단순히 일을 진행
하는 차원에 머무르는 것이 아니라 10년이라는 긴 시간이 지난
다음, 그 완성이 하나의 주제에 집약되어 나올 수 있도록 강약
을 조절하는 과정이 되어야 한다.

강약을 부여하는 일 처리 기술 연마 과정에서 가장 중요한 점
은 뭘까? 주어진 조건을 자기만의 스타일로 소화한 뒤 절묘하
게 순서를 바꿔가며 새로운 일 처리 기술을 완성하는 것이다.
사람들은 대부분 순서를 잘 지켜야 한다는 강박관념에 사로잡

히곤 한다. 책을 읽을 때 맨 첫 페이지부터 시작해 끝까지 읽지 못하고 중간에 책장을 덮곤 하는 것도 그런 이유에서다.

우리 주위에는 과감히 건너뛰며 책을 읽는 사람이 많지 않은 것 같다. 그렇게 해서는 안 된다고 생각하기 때문이다. 그렇게 하면 정말 안 될까? 아니다. 오히려 책에 대해 많이 알고 많이 읽는 사람은 과감하게 건너뛰며 효과적으로 읽는다. 집중한 채 빠르게 책장을 넘기면서 중요한 부분에 에너지를 쏟으며 자기 것으로 만들려고 노력한다. 이 또한 책 읽기에 필요한 기술이다.

독서에서의 일 처리 기술이란 한 페이지를 읽는 데 걸리는 시간을 계산하며 계획대로 끝까지 읽는 것을 의미하지 않는다. 자신이 지닌 에너지를 어느 부분에 쏟아야 할지, 어느 부분은 건너뛸지와 같은 틀을 잡는 것이 독서에서의 일 처리 기술이다. 이런 판단력은 업무 영역만이 아닌 일상생활의 다양한 영역에도 필요하다.

명석한 판단력으로 우선순위를 정하는 일 처리 기술의 대표적인 사례로 나폴레옹이 수행한 전쟁을 꼽을 수 있다. 나폴레옹은 기승전결을 근간으로 하는 연극 구조로 전쟁을 이해한다. 기승전결 구조는 일 처리 기술 연마 과정의 기본이 된다. 전쟁 상황을 가정해 눈앞에 장면을 떠올려보자. 병사는 거시적 관점에서 전체 전쟁판을 조망하기 어렵다. 아니, 어려운 정도가 아니라 거의 불가능하다. 병사가 자신이 처한 상황을 냉철하게 바라보며 정확한 판단을 내리기 어려운 것은 그런 연유에서다.

나폴레옹과 같은 천재적인 리더는 다르다. 그런 사람은 나무보다는 숲을, 세부 사항보다는 큰 틀을 본다. 자기 군대가 일시적으로 불리한 상황에 내몰려도 흔들리지 않는다. 이런 리더에게 최종 전쟁 승리는 떼어놓은 당상과도 같다.

세이부 라이온스의 모리 감독은 일본 시리즈에서 최강 전력과 승률을 자랑했다. 언젠가 나는 그의 팀이 일본 시리즈에서 어떻게 우승할 수 있었는지에 관한 흥미진진한 이야기를 들은 적이 있다.

> 일본 시리즈는 모두 일곱 경기를 치른다. 그중 '4승을 못 하면 큰일이다'라고 생각하는 것과 '3패까지는 괜찮아!'라고 생각하는 것은 일견 차이가 없어 보이지만, 그렇지 않다. 오히려 그 반대로 천양지차의 결과를 가져올 수 있다. 나는 '3패까지는 괜찮다'라고 생각하며 세부 계획을 세운다. 선발 투수를 정할 때도 '어서 빨리 4승을 올리고 싶다'고 생각하며 조바심치는 선수는 일단 제외한다.
>
> 시즌 마지막 경기에서 선발 투수로 주전 투수가 등판하는 것과 신인 투수가 등판하는 것은 차이가 크다. 그것만으로 승부가 갈릴 수 있기 때문이다. 마지막 경기까지 갈 상황을 염두에 두고 대비하며 경기에 임해야 하는 것은 그래서다.

위의 인용문은 일 처리 기술 연마 과정의 좋은 사례 중 하나이며, 전체 틀을 읽는 방법이다.

IIII 데트마르 크라머는 어떻게 일본 축구의 수준을 한 차원 끌어올렸나

예상할 수 있는 상황을 시뮬레이션한 뒤 자기 자신이나 다른 사람을 몰아넣어 잠재력을 끌어내는 방향으로 훈련할 때도 있다. 이 방법은 스포츠계에서 선수의 실력을 짧은 기간에 끌어올리기 위한 목적으로 사용된다.

일본 축구를 발전시키는 데 공헌한 사람으로 데트마르 크라머Dettmar Cramer, 1925~2015를 빼놓을 수 없다. 그는 1964년 도쿄올림픽과 1968년 멕시코 올림픽에서 일본팀 감독을 맡았다. 당시 그가 내건 '축구를 잘하기 위한 5가지 조건'은 일 처리 기술의 본질을 함축해서 보여주는 것으로, 흥미롭고 인상적이다.

스포츠 전문 잡지 《넘버》에 실린 기사에 따르면, 크라머 감독은 강한 일본팀을 만들기 위해 원정경기를 자주 가졌다. 잦은 원정경기를 통해 긴장감을 고조시킬 수 있고 의식을 북돋울 수 있기 때문이다. 그는 잔디 그라운드를 많이 만들었다. 선수들의 실력을 향상하고 강한 팀을 만드는 데 잔디가 무슨 도움이 될까

하는 의문이 들 수도 있다. 한데, 그라운드를 정비함으로써 의욕을 북돋울 수 있고, 기술 향상도 이룰 수 있다고 한다.

상황에 맞게 선수들이 지닌 에너지와 잠재력을 끌어내고 기술을 향상하는 방법이 많다. 세부 내용까지는 만들지 않은 상태에서 상황을 설정하고 우선순위를 정하는 것만으로도 성과를 얻을 수 있다는 점이 흥미롭다.

J리그는 일 처리 기술의 연마 과정이자 무대라고 할 수 있다. J리그는 최고 책임자 가와부치 사부로川淵三郎, 1936~를 구심점으로 한 많은 이들의 일 처리 기술이 모여 이루어진 완성판이다.

J리그 설립에 축구 선수가 모든 것을 완성하는 필요 충분 조건은 아니다. 사부로는 한때 일본 축구를 대표하는 선수로 이름을 날렸지만, J리그를 설립하고 운영하는 과정에 선수 출신만을 고집하지는 않았다. J리그라는 큰 그릇을 만드는 데 필요한 일 처리 기술을 갖췄느냐가 더 중요했다. 오늘날 일본 축구가 상당한 수준으로 발전한 데에는 가와부치 사부로를 중심으로 한 많은 사람이 J리그를 목표로 뛰어난 기량을 가진 선수가 육성되는 시스템을 구축한 공로가 컸다. 실력을 키우는 일 못지않게 잠재력을 끌어낼 수 있는 조건과 상황을 만드는 일도 중요하다.

이 원리는 남녀가 만나 데이트하는 상황에도 적용된다. 당신이 뛰어난 외모나 화술, 매력의 소유자가 아니어도 특별한 분위기를 연출하는 데 성공하면 상대 여성이 긍정적인 반응을 보일

수도 있다. 있지도 않은 인간적인 매력을 갖추라고 요구하는 것도 비현실적인 얘기다. 넓은 범주의 일 처리 기술이라는 관점에서 분위기 좋은 장소를 선택하고 특별한 분위기를 연출하는 것은 의지와 열정만 있다면 누구나 할 수 있는 일이다.

매순간 부닥치는 상황을 분석, 판단하고 조율함으로써 에너지를 끌어낼 수 있다. 이 점을 깨닫기만 해도 자기 잠재력에 희망을 품게 된다. 자신이 인지하고 활용하는 힘과 에너지만으로 대응하는 것과 일 처리 기술을 연마하며 그 이상의 잠재력을 끌어내는 것 사이에는 천양지차가 있다. 순간순간 예측불허 상황이 힘과 에너지를 끌어내고, 그런 상황에 대응하는 과정이 반복해서 이루어짐으로써 힘과 에너지가 능력으로 축적된다.

일 처리 기술을 연마하는 과정이란 이런 것이다. 무술을 익히는 과정에서도 초급, 1단, 2단, 3단 하는 식으로 단위를 부여하면 좀 더 쉽게 기술로 자리 잡을 때가 있다. 어떤 사람이 수련과 대련, 테스트를 통해 검은 띠를 달게 됨으로써 자기 능력에 대한 기대치와 자신감이 붙어 괄목상대할 만한 성장을 이루게 된다.

'그릇'을 만들고 키우는 일이 중요하다. 자기 안의 '그릇'을 키움으로써 내면을 살찌우고 힘을 북돋을 수 있다. 자기 안에 '그릇'을 만들고 키우는 일이 이렇게 중요한데, 눈에 보이는 능력 향상에만 몰두하고, 그것을 담는 그릇을 만들고 키우는 일과 일 처리 기술을 연마하는 일은 등한시하는 사람이 많아 안타깝다.

3

식재료 없이 요리할 수 없듯
일 처리 기술 없이
업무를 수행할 수 없다

IIIΛ 요리가 일 처리 기술을 갈고닦는 효과적인 방법인 까닭

일 처리 기술을 갈고닦으면 어떤 상황에서든 지혜롭게 대처할 수 있다. 요리의 사례를 들어 생각하면 이해하기 쉽다. 내가 일 처리 기술이라는 말을 처음 사용하기 시작한 것은 5년 전쯤부터였다. 어느 강연회에서였는데, 그 개념을 설명하자 한 50대 주부가 공감을 표시했다.

그녀는 일상을 살아가는 데 일 처리 기술은 빼놓을 수 없는 요소인 것 같다고 말했다. 그녀는 요리할 때 그걸 실감한다고도 얘기했다. 일 처리 기술이 갖춰져 있지 않으면 맛있는 요리를 완성하기 어렵다. 그녀가 아들에게 요리법과 작업 과정 하나하나를 꼼꼼히 가르친 것도 그래서였단다. 내 강의를 들으며 생각해보니 그것은 일 처리 기술을 연마하기 위한 과정이었던 셈이라고 말했다.

요리에는 일 처리 기술을 갈고닦는 데 필요한 모든 기본적인 요소가 들어 있다. 다른 많은 일과 마찬가지로 요리는 소재, 즉 식재료가 마련된 상태에서 시작하기 때문이다. 아무것도 준비돼 있은 상황에서 뭔가를 만들기란 어렵다. 자료 수집에서 시작해 뭔가를 완성하는 일로, '만들기' 만한 것이 없다.

나는 교육학 연구자다. 어떤 방식으로 강의를 진행해야 좋을지 연구하고, 학생을 가르치는 것이 주된 일이다. 강의는 강연회가 아니므로 학생들에게 좋은 소재를 제공하여 멋진 아이디어를 끌어낼 수 있도록 자극하는 방향으로 진행하려고 노력한다.

소재에 대한 관점과 자세가 중요하다. 소재를 어떻게 발견해야 할까? 소재 발굴은 교사가 갖춰야 할 능력의 하나다. 이것은 요리하는 과정과 일맥상통한다. 나는 강의를 진행하는 방식을 '조리법'이라고 부른다. 이 방향이 이해하기 쉽기 때문이다. 소재는 무엇인가. 차례는 어떻게 이루어지는가. 마무리는 어떻게 해야 하는가. 조리법을 수업에 활용하면 핵심을 놓치지 않으면서도 유익한 수업을 할 수 있다.

요리하는 상황에서 식재료를 미리 준비하지 않고 임박해서야 이리저리 뛰어다니는 사람을 떠올려보자. 우스꽝스러워 보이기도 하겠지만, 비효율적인 일이 아닐 수 없다. 이렇듯 조리법을 익혀두지 않으면 요리할 때 우스꽝스럽고 비효율적인 상황에 맞닥뜨릴 수 있다.

일 처리 기술을 연마해야 하는 것은 출판사 편집자도 마찬가지다. 꼼꼼하게 교정 교열을 보고, 원가 계산을 하는 일 또한 편집자가 해야 할 주요 업무이기는 하다. 한데, 그보다 더 중요한 업무는 책 출간 작업이 잘 진행되도록 관리하는 것이다. 일 처리 기술을 갈고닦는 것이 편집자의 주요 업무라고 할 수 있는 것은 이런 맥락에서다. 뛰어난 일 처리 기술을 무기로 책을 편집해야 한다는 의식 없이 수동적으로 일하는 사람을 만날 때마다 안타까운 마음이 든다. 일 처리 기술이 핵심을 이루는 일을 하면서도 핵심을 빠뜨린 채 업무를 처리하는 사람이 의외로 많다.

모든 업무에서 일 처리 기술이 핵심이라는 의식을 지니고 있으면 업무의 본질이 파악된다. 반대로, 일 처리 기술이 지닌 중요성을 인식하지 못하면 다양한 작업과 활동이 모이지 않고 흩어진다. 핵심 요소가 빠져도 깨닫지 못한다. 참가자들에게 사전에 연락하는 걸 깜빡하는 바람에 스태프는 다 모였는데, 중요한 인물은 참석하지 못하는 상황도 벌어질 수 있다. 중요한 인물이 빠진 상태에서 뭘 하자고 이렇게 많은 사람이 모인 걸까? 한두 명의 스태프가 빠져도 핵심 인물이 참석했다면 문제없을 텐데 말이다. 웃고 넘길 일만은 아니다. 무슨 업무를 하든 일 처리 기술이 갖춰지지 않으면 누구에게나 일어날 수 있는 일이기 때문이다.

'나는 뛰어난 일 처리 기술로 업무를 본다'라는 의식을 가지면 그것을 갈고닦는 방법도 터득하게 된다.

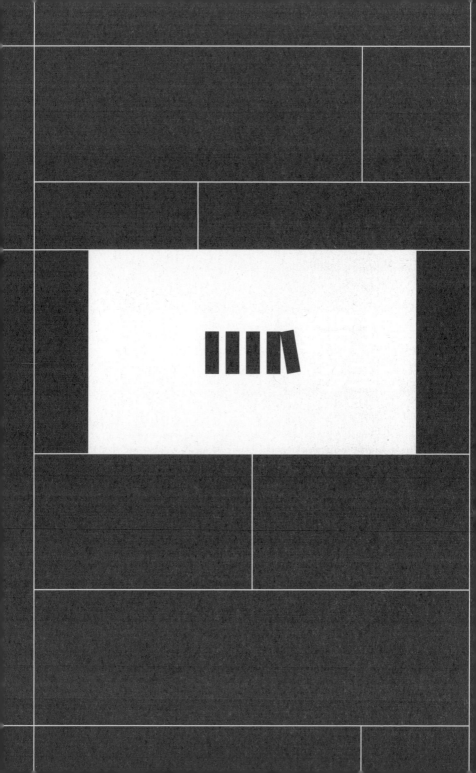

유능한 직장인과 일류 경영자를 만드는 11가지 업무 기술

1

혁신 아이디어는
일 처리 기술의
도움을 받아 생겨난다

ⅢⅢⅢ 혁신 제품 자일리톨껌은 어떻게 탄생했나

일 처리 기술을 갈고닦는 효과적인 방법은 무엇일까? 뛰어난 일 처리 기술을 무기로 만든 완성품을 역추적 혹은 역조립하는 것이다. 『디자인 해부』는 핀란드의 자일리톨껌 디자인 개발에 관한 일 처리 기술을 분석한 책이다. 이 책은 일 처리 기술의 뼈대가 되는 내용을 담고 있다. 애초에 이 회사는 '충치에 강한 감미료를 사용한 껌'이라는 단순하고도 명쾌한 콘셉트로 출발하여 '덴탈dental'이라는 이미지를 담는 방향으로 진화했다.

그들은 '덴탈 이미지를 담아낸다'라는 분명한 목표 아래 고안된 몇 가지 안 중에서 하나를 포장디자인 시안으로 채택했다. '덴탈'은 '이의', '치과의'라는 의미다. 여기서는 '치약'과 칫솔처럼 관련성 있는 디자인을 의미한다. 과자류를 과자류에 맞게 디자인하는 것이 아니라 덴탈이라는 다른 계통의 이미지를 차용하여 디자인하자는 것이다. 그런 다음, 그것이 과자류의 하나로

서 손색없음을 검증한다. 자일리톨껌 포장 디자인은 이렇게 만들어졌다.

명확한 주제를 정하고, 콘셉트를 기획하고, 그것에서 출발하여 이미지화할 수 있는 뭔가를 다른 부문에서 찾아낸 뒤 각색하여 진행하는 작업에 적용한다. '튜브 안에 든 치약 이미지를 껌에 적용하자'라는 식으로 무리하다 싶은 각색까지 시도한다. 이런 역동적인 과정을 거치며 존재하지 않는 새로운 것을 창조한다.

롯데 자일리톨껌의 엠블렘emblem 또한 위에서 내려다보는 이빨 모양을 형상화하는데, 기발할 뿐 아니라 편의점이나 역 안 매점에 진열될 때 가로, 세로 어느 방향으로 진열되어도 쉽게 눈에 띄도록 좌우 대칭, 상하 대칭으로 엠블렘이 새겨져 있다. 색깔은 초록색으로 정해졌는데, 자연을 상징하는 색이라는 점이 이유였다. 초록색은 상대적으로 눈에 잘 띄지 않는 색이므로 제작 과정에 금속 성분이 첨가됐다고 한다.

자일리톨껌의 마크
(출처: 『디자인 해부 1』)
그림 ⑤

『디자인 해부』는 상품으로 완성되고 대단한 성공을 거둔 자일리톨껌이 탄생하는 데 밑거름이 된 일 처리 기술을 다양한 관점에서 분석하고 해부한다. 그 세부 과정을 파악하기 위해 제품을 해부하는 사람은 많지 않다. 이 책처럼 실제로 해부함으로써 일상에서 만나는 작고 저렴한 가격의 제품 속에도 기발한 아이디어가 스며 있다는 사실을 알 수 있다. 이런 능동적인 과정을 통해 사물과 현상을 보는 눈이 밝아지고, 수준이 한 차원 높아져서 완성품으로부터 역추적, 역조립해 그것을 만드는 데 근간이 된 일 처리 기술의 비밀을 밝힐 수 있다. 이것이 일 처리 기술을 갈고닦는 훈련이자 과정이다.

⫼⫼⫼ 히트 상품을 역추적하며 디자인 시트에 적는 훈련을 하라

완성품에서 시작해서 일 처리 기술을 역추적하라. 그것을 응용하여 자기만의 일 처리 기술 시스템을 구축할 수 있다. 나는 이 방법을 연구 모임과 강의에서 적극적으로 활용한다. 학생들에게 과제를 내주어 시중에 출시된 특정 제품을 분석해, 그것이 어떻게 탄생했는지 역추적해 디자인 시트(그림 ⑥ 참조)에 적게 한다. 워크맨에 대한 기획서를 운 좋게 구했다고 가정하자. '대략 이러이러할 것이다' 하는 식으로 학생들에게 작성하게 한다. 이런 훈련이 일 처리 기술 수준을 높인다. 일 처리 기술의 본질은 시간 흐름에 따르는 것이지만, 그 결과로 생산되는 완성품은 시간을 흡수한 뒤 만들어진다. 그러므로 어떤 순서와 우선순위, 어떤 개념에서 제품이 만들어졌는지 추적하고 추정하는 훈련이 업무 능력을 키운다.

모든 업무의 일 처리 기술이 동일하지 않다. 자일리톨껌 사례를 살펴보자. '충치를 만들 위험성이 있는 감미료를 사용하지 않는다'라는 목표가 있고, 여기에서 출발해 모든 공정의 세부 일 처리 기술을 적용한다. 목표와 핵심에서 벗어날 일이 없다. 여기에 다른 일 처리 기술이 더해진다. 주제를 정한 뒤 범위를 좁힐 수 있는가의 문제다. 이것이 흔들리면 전체 공정과 일 처리 기술 적용에 차질이 빚어진다. 주제를 정하고, 그 주제에 맞게 범위를 좁힐 수 있다면 색깔, 포장지 내부 디자인, 엠블렘 등 세부 내용도 자연스럽게 나온다.

세상에 존재하지 않는 제품을 개발하겠다며 욕심부리지 말기 바란다. 시중에 출시된 히트 상품이나 혁신 아이디어를 역추적하며 디자인 시트에 적는 훈련을 하는 것이 좋다. 그 과정에 일 처리 기술이 길러진다.

디자인 시트를 채우는 일은 쉽고 간단하다. 나는 초등학생을 대상으로 일 처리 기술을 연마하기 위한 교육 훈련을 한 적이 있다. 〈놀자〉라는 10분 분량의 비디오 프로그램을 보여준다. 디자인 시트에 진행 순서를 적게 한다. '오프닝부터 시작해 고니시키가 나오고, 노무라가 나오고……' 하는 식으로 단락을 나누게 한다. 이 훈련으로 초등학생조차 10개 정도의 단락을 나눌 수 있다. 비디오나 방송프로그램을 촬영하다 보면 PD가 어떤 의도와 순서로 제작했는지 알 수 있다.

그 수업을 계기로 우리는 체육관에서 운동하기도 하고, 함께 모여 합창하기도 하고, 삼색 볼펜으로 줄을 긋기도 했다. 마무리 작업으로 그날 했던 모든 활동을 디자인 시트에 적도록 했다. 이 모든 수업 과정을 통해 초등학생들도 자기가 한 일의 구조와 일 처리 기술을 명확히 이해할 수 있었다. 뭔가의 세밀한 구조와 그 안에 내재한 일 처리 기술을 파악할 수 있다면 초등학생이라 할지라도 교사를 대신하여 수업을 진행하는 것이 가능하다. 무엇이든 일 처리 기술을 확립하지 못하면 계속 학생 수준에 머무르게 되지만, 일 처리 기술 메커니즘을 이해하고 자기가 한 일로 디자인 시트를 채울 수 있다면 다른 사람을 가르칠 수 있는 교사의 위치에 올라설 수 있다.

디자인 시트는 단순하며, 사용하기에도 편리하다. 자신이 실행한 일을 빠짐없이 적기만 하면 된다. 자신보다 경험도 풍부하고 유능한 사람과 함께 일할 때는 그의 일 처리 기술과 방식을 보며 메모한다. 그런 과정을 통해 일 처리 기술이 향상된다.

일 잘하는 사람은 어떻게 그렇게 일을 잘하게 되었을까? 평범한 사람은 잘 모르는 어떤 특별한 능력을 타고났기 때문이 아니다. 그보다는 분명한 목적의식을 가지고 일 처리 기술을 꾸준히 갈고닦아온 덕분이라고 보는 것이 맞다. 카리스마를 지닌 사람도 그렇게 타고났다기보다는 일 처리 기술을 연마하는 과정에서 그리될 수 있었다는 것을 알 수 있다. 이 점을 이해하면 누구든지 카리스마 넘치는 사람으로 자신을 바꿀 수 있다.

아이디어를 내야 하는 상황에서도 디자인 시트는 유용하다. 시중에 출시된 유명 브랜드 상품이나 혁신 시스템 등을 디자인 시트에 적는 식으로 활용한다. 이 일에 숙달되면 목표와 주제, 소재 등을 다른 것으로 바꿔 다시 연습한다. 자신이 잘 아는 것부터 시작해서 충분히 연습한 뒤 다른 것에 적용하며 변화를 시도하면 된다.

ⅢⅣ 소재를 정해두면 아이디어가 떠오른다

나는 강의 시간에 독특한 과제를 내주곤 한다. 시간표를 소재로 디자인 시트를 사용해 강의를 진행하라는 과제다. 그때마다 기발하고 참신한 아이디어가 쏟아져 나온다. 살인사건을 저지른 범인이 어느 지하철을 타고 달아났는지 추리하는 문제를 낸 다음 다른 학생들이 시간표를 보면서 맞추게 하거나,

제한된 금액의 돈으로 얼마나 멀리 떨어진 역까지 갈 수 있는지 계산하게 하는 식이다.

소재를 정해두면 일 처리 기술을 연마하는 과정에 아이디어가 떠오른다. 혼자 힘으로 소재를 정하고 일 처리 기술 메커니즘을 구축하려다 보면 어려움에 부닥칠 수밖에 없다. 숙달하지 않으면 일이 진행되지 않는다. 소재가 정해진 상태에서 일 처리 기술을 갈고닦는 훈련을 반복하다 보면 일 처리 기술도 길러진다.

어느 부분을 확정한 다음, 입체적으로 생각하는 훈련을 해야 한다. 다양한 아이디어가 떠오르고, 그 안에 내재한 일 처리 기술의 차이도 파악할 수 있다. 전체를 바꾸면 여러 아이디어의 장단점을 비교하거나 대조할 수 없다. 목표나 키워드, 소재 등을 정하면 일 처리 기술 메커니즘을 구축할 때 아이디어를 얻을 수 있다. 이것을 바탕으로 다른 구성원과 의견을 나눔으로써 참신하면서도 깊이 있는 아이디어를 끌어낼 수 있다. 이 과정에 정교한 일 처리 기술 메커니즘도 구축된다.

이는 제품 개발 과정에 적용해야 하는 원칙이다. 이 원칙을 적용해서 일하다 보면 번뜩이는 아이디어가 따라 나온다. 새로운 아이디어는 일 처리 기술 메커니즘을 구축하는 일로부터 얻어진다. 아무것도 없는, 무無의 상태에서 기발하고 참신한 아이디어를 얻기는 어렵다. 사전 조사를 거쳐 조건을 확정함으로써

디자인 시트(레시피)   날짜

                 소속   이름

대상

주제(제목)

목적
-
-
-

교재(소재)
-
-

키워드(개념)
-

일 처리 기술
①
②
③
④
-
-

준비 작업(이면의 일 처리 기술)
-
-
-

그림 ⑥ 디자인 시트

좋은 아이디어를 떠올릴 수 있다. 이 과정에 디자인 시트는 아이디어를 떠올리는 도구로 활용된다.

디자인 시트는 제품 개발 과정에도 효과적이다. 일테면, 이런 식이다. 먼저 디자인 시트에 히트 상품을 적은 다음, 창조적으로 벤치마킹한 새로운 제품을 구상한다. 그 연장선에서 뛰어난 일처리 기술이 뒷받침된 신제품이 탄생한다.

혁신 아이디어는 일 처리 기술의 도움을 받아 생겨난다. 아이디어는 별똥별처럼 하늘에서 떨어지는 것이 아니다. 나무에 달린 잘 익은 감이 어느 시점에 땅으로 떨어지듯 무르익은 아이디어가 떠오른다. 그 순간을 맞이하기 위해 일 처리 기술 메커니즘을 구축해야 한다.

2

돈키호테가
뛰어난 일 처리 기술로
새로운 현실을 창조하는
인물인 역설적 이유

IIIΛ 완성품에서 시작해 그 안에 내재한 일 처리 기술을 파악하는 훈련은 언제 어디서나 가능하다. 디자인 시트가 없어도 괜찮다. 그 일 처리 기술 메커니즘을 인식할 수만 있다면 그것으로 충분하다. 이런 식으로, 주위에 존재하는 모든 사물이나 현상을 일 처리 기술 관점으로 바라보는 것이 중요하다.

요리할 때도 마찬가지다. 조리법에만 의존해서 음식을 만들려 하지 말고, 조리법을 개발한 요리사의 일 처리 기술을 간파하는 훈련을 해야 한다. 그 힘이 강화되어 무슨 일에서든 일 처리 기술을 활용할 수 있게 된다. 텔레비전 프로그램을 시청하는 상황도 예외는 아니다. 특정 프로그램이 어떤 구조로 만들어지고 진행되는지, 그 프로그램을 제작하는 과정에 어떤 준비 작업이 있었는지 등을 추정하는 것이다. 이런 일상의 훈련이 일 처리 기술 메커니즘을 강화한다.

이 관점에서 문학 작품을 읽다 보면 뜻밖의 재미있는 발견을 하곤 한다. 세르반테스의 작품 『돈키호테』가 좋은 예다. 소설 주인공 돈키호테는 누구에게나 '망상에 사로잡힌 괴짜'라는 이미지가 강하다. 작품 속에서 그는 기사도를 주제로 한 소설을 많이 읽다가 현실감각을 상실한 채 머릿속이 망상으로 차버린 인물로 설정되었다. 돈키호테는 일 처리 기술이라는 개념이나 이미지와는 거리가 멀어도 한참 먼 남자로 등장하는 셈이다. 관점을 바꾸면, 반대로 돈키호테는 행동력을 갖춘 인물이다. 그가 움직일 때는 현실도 같이 움직이기 때문이다. 이런 맥락에서, 돈키호테를 뛰어난 일 처리 기술을 활용하여 새로운 현실을 창조하는 인물로 볼 수도 있다.

돈키호테는 자기가 사용할 무기와 도구를 준비한다. 그는 로시난테를 구한 뒤 자신에게 기사다운 이미지의 이름을 붙이기 위해 고심하고 또 고심한다. 결국 그는 '돈키호테'라는 이름을 짓는다. 이런 모든 행동이 누구 못지않게 일 처리 기술을 중시한다는 걸 보여준다. 그는 자기가 상상 속에서 만든 한 여인의 이름을 짓고, 자금을 조달하기 위해 여러 가지 물건을 내다 파는 등 일 처리 기술을 발휘한다. 그는 하인이 없으면 기사로서의 권위가 서지 않을 것을 우려해 산초 판자를 그럴듯한 말로 꾀어내기도 한다.

> 돈키호테는 이웃에 사는 (이런 표현을 통상 가난한 남자에게 붙여도 괜찮다면) 머리 나쁜 한 남자를 꼬드긴다. 그가 얼마나 침을 튀기며 허풍을 떨고 터무니없는 약속을 남발했는지, 불쌍하고

어리숙한 촌뜨기는 그의 하인이 되어 함께 길을 떠나기로 마음먹는다.

다른 사람에게 영향을 끼쳐 그의 인생까지 바꿀 수 있는 일 처리 기술을 돈키호테가 지니고 있었다는 사실을 짧은 인용문으로 확인할 수 있다. 일 처리 기술이라는 개념을 염두에 두지 않았다면 『돈키호테』라는 위대한 고전도 재미 측면에서만 읽고 책장을 덮었을지 모른다.

모든 구조의 기본이 일 처리 기술을 이해하고 활용하는 데 있음을 아는 것은 중요하다. 언어가 가진 힘과 권위는 크다. 입 밖으로 내어 표현하는 것만으로도 일 처리 기술은 향상된다. 다양하고도 복잡미묘한 상황을 일 처리 기술이라는 칼로 잘라라. 이 과정이 일 처리 기술을 연마하는 과정으로 진화하여 자기 안에 스며들 것이다.

이 개념을 일상의 다양한 상황에 적용하라. 일 처리 기술이 단단해지고 마음도 편안해진다. 사람마다 타고난 성정은 변하지 않지만, 일 처리 기술은 노력과 훈련을 통해 향상된다. 이로써 삶의 희망을 품을 수 있고 일이 즐거워진다. 일 처리 기술이라는 말은 지금까지 이런 말이 대중적으로 사용되지 않은 이유가 궁금해질 정도로 대단한 힘과 긍정의 에너지를 지녔다.

3

눈에 보이지 않는
'구조의 틀'을
간파하라

▐▐▌ 일 처리 기술에는 대, 중, 소의 기술이 있다. 3가지 유형의 일 처리 기술마다 스케일 차이가 존재한다. 단기 성과에 집착하지 않고 멀리 내다보며 일하는 사람이 있고, 다양한 일에서 뛰어난 일 처리 기술을 발휘하는 사람도 있다. 레스토랑 예약이나 여행 계획을 세우고 추진하는 일을 잘하는 사람은 후자의 작은 일 처리 기술을 갖춘 유형이다. 조직이나 단체 일을 능숙하게 해내는 사람은 중간 정도의 일 처리 기술이 뛰어난 유형이다. 대통령이나 수상처럼 수백수천만 명, 수억 명을 통솔하고 움직이는 이는 복잡한 시스템을 한눈에 통찰하는 안목과 커다란 일 처리 기술을 갖추어야 한다.

사소한 업무부터 시작해 영역을 넓혀가는 것이 일 처리 기술을 연마하는 비결이다. 호텔 화장실 청소부터 시작해 객실 청소를 배우고, 프런트 업무를 거쳐 자금 조달과 인사 관리 업무까지 경험함으로써 호텔을 경영하는 사장이 된다.

그림을 그릴 때도 같은 원리가 적용된다. 아무리 재능이 뛰어난 사람이라도 그림을 그리기 시작하자마자 몇십 호나 되는 거대한 그림을 그릴 수는 없다. 처음에는 누구나 손처럼 작은 신체 부위부터 그리기 시작한다. 그것을 연습하고 또 연습한 뒤 자신감이 붙으면, 얼굴 그리기를 시작한다. 이렇게 기초를 다진 다음, 인물 전체와 주위 배경을 그리는 방향으로 확장한다.

나는 대, 중, 소의 일 처리 기술 중 어느 것에 자신 있고, 어느 것에 자신 없는지 생각해보자. 기간이라는 관점으로 일 처리 기술을 살피는 것도 중요하다.

일 처리 기술의 움직임 변화를 나타내면 그림 ⑦과 같다. 인생 전체를 관통하는 거대한 일 처리 기술에는 자신 있지만, 일정표를 짜는 식의 작은 일 처리 기술에는 능숙하지 못한 사람은 B 부분에 해당한다. 이 부분은 큰 단락 단락마다 핵심 요소를 놓치지 않고 잘 파악하지만 세밀함은 부족한 사람이다. 매사에 부지런하고 꼼꼼하지만, 큰 흐름을 놓치고 사는 사람은 D 부분에 해당한다. 고지식하고 융통성이 없는 사람이 여기에 속한다.

그림 ⑦의 B 부분은 어떤 유형일까? 요리, 집안일 등 소소한 일 처리 기술에는 서툴지만, 결혼생활의 핵심만은 놓치지 않아 안정된 삶을 사는 사람이다. D 부분은 세세한 일은 잘 처리하지만, 큰 틀 안에서 결혼생활을 보며 균형을 유지하는 데는 서툰 유형이다. 일 처리 기술이 뛰어나다고 칭찬받는 사람일수록 위험할 수도 있다.

작은 일 처리 기술도 중요하지만, 인생의 큰 틀을 이루는 핵

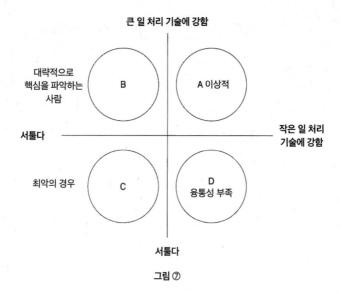

그림 ⑦

심 요소를 놓치지 않는 커다란 일 처리 기술이 더 중요하다. 그림 ⑦에서 이상적인 것은 커다란 일 처리 기술과 작은 일 처리 기술을 모두 놓치지 않는 A 부분이다.

많은 사람이 인생의 크고 핵심적인 일 처리 기술보다 작고 부수적인 일 처리 기술에 연연하며 살아가는 것 같아 안타깝다. 인생의 성공을 이루기 위해서는 눈에 보이지 않는 구조의 틀을 간파할 수 있어야 할 뿐 아니라 큰 차원의 일 처리 기술에 대한 안목을 가져야 한다.

4

미래상을 A, 소재를 B로 놓고, A와 B의 양쪽에서 터널을 뚫어가라

‖‖‖   일 처리 기술에는 우선 미래상을 세우고, 여기서 출발해 크고 작은 요소들을 세워가는 방식과 소재로부터 시작하는 방식 두 가지가 있다. 이것을 요리에 비유하자면, 다음과 같다. 첫째, 처음부터 무슨 요리를 할지를 정해두고, 그 요리에 필요한 재료를 체크하고 준비하는 방법이다. 둘째, 냉장고를 열어보니 마침 무와 당근이 있어서 그걸 사용해 적당한 요리를 만드는 방법이다.

미래상을 A, 소재를 B라고 놓고, A와 B의 양쪽에서 터널을 뚫어가는 방식이 효과적이다. 일 처리 기술을 내 것으로 만들고자 한다면 미래상과 소재가 서로 잘 조응하는지 확인한 뒤 양쪽을 연결해야 한다.(그림 ⑧ 참조)

'내가 일 처리 기술을 갖추지 못한 것은 미래상을 세우지 않았기 때문이 아닐까?', '소재도 준비하지 않은 채 실속 없이 미래상만 그리고 있었기 때문이 아닐까?' 고민해야 한다. 미래상과 소재라는 개념을 활용하면 이 의문이 풀리고 해결된다.

조각의 사례를 예로 들어보자. 자기가 만들고자 하는 미래상

그림 ⑧

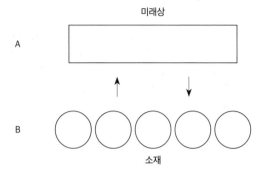

이 세워지면, 소재를 정해 정과 끌로 깎고 다듬는다. 미래상 없이 시작하면 작업은 진행되지 않는다. 먼저 좋은 소재를 발견한 뒤 근사한 미래상을 떠올리며 작업을 진행할 때도 있다. 알이 먼저냐, 닭이 먼저냐 하는 화두처럼, 소재가 먼저냐 미래상이 먼저냐는 중요하지 않다. 소재와 미래상을 이어주는 일 처리 기술을 연마하는 과정이 더 중요하다.

　말이 쉽지, 실천하기는 쉽지 않다. 대다수 사람은 미래상만 이야기하거나, 소재 부분에서 헤매는 일이 다반사다. 자신이 무엇을 하고자 하는지도 모른 채 자료 수집만 하는 연구자가 있다. 추상적인 미래상만 이야기하면서, 그것을 구현하는 데 필요한 소재에 대한 고민도 없고 실천도 하지 않는 사람도 있다.

　이것을 스포츠에 빗대어보자. 기초 기술과 경기 스타일, 최종 목표 등을 묶어 생각하고 종합하는 것이 중요하다. 많은 선수가 몇 가지 특수한 기술에만 집착한 나머지 실력을 키우는 데 실패한다. 이런 사람에게는 다양한 요소를 하나로 종합하는 능력이 부족하다고 보아도 무리가 없다. 자신이 해야 할 일을 인식하고 훈련하는 과정을 통해 이 능력을 키울 수 있다.

숙련된 요리 전문가들은 식재료를 보기만 해도 음식의 완성도가 눈에 그려진다고 한다. 이는 경험 많고 유능한 전문가의 경우, 여러 가닥의 회로들이 순간적으로 서로 연결되기에 가능하다. 이런 사람들은 소재를 각색하는 힘과 재구축하는 힘도 뛰어나다. 유연하고도 세련되게 각색하는 힘을 갖추면 일 처리 기술도 향상된다.

'나에게는 왜 뛰어난 일 처리 기술이 없을까?' 고민하는 사람이 많다. 그런 사람에게 중요한 것은 자신이 어떤 일 처리 기술에 자신 없는지를 깨닫는 일이다. 자신이 미래상을 설정하고 일을 시작했는지, 혹 미래상만 생각하며 세부 요소는 소홀히 하지 않았는지도 점검해야 한다.

미래상은 놓친 채 소재만 파고드는 유형을 '덩굴파', 미래상만 보며 소재를 놓치는 유형을 '조감파'라고 해보자. 다수가 이 두 유형 중 하나에 속하는 것이 현실이다. 드물게 두 유형에 모두 해당하는 사람도 있다. 우수한 건축가는 건물을 짓는 데 필요한 큰 일 처리 기술에 탁월하다. 그는 세부 사항을 놓고 건축주와 소통하는 작은 일 처리 기술에도 능숙하다. 세부 사항까지

그림 ⑨

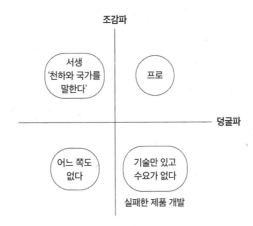

자기주장을 펼 수 있는 덩굴파 중에 규모가 큰 일도 어렵지 않게 해내는 조감파가 존재한다. 조감파 유형의 사람이 세부 사항까지 신경 쓰며 챙기는 예는 찾기 어렵다. 허풍을 떨며 세상 만물을 논하지만, 현실에서는 아무 일도 실천하지 않는 사람도 많다.(그림 ⑨ 참조)

미래상은 세워져 있지만, 구현할 방법이 없을 때도 있다. 제품을 개발하는 상황에서도 '이런 제품이면 좋겠다' 하는 미래상은 있어도 그것을 구현할 기술이 뒷받침되지 않는다면 소용이 없다. 아무리 좋은 계획도 기술이 없으면 공상에 지나지 않기 때문이다. 기술만 있고 확실한 미래상이 없어도 뛰어난 제품 개발로 이어질 수 없다. 조감파와 덩굴파의 회로가 하나로 연결된 일 처리 기술을 연마하는 것이 중요하다.

5

100권의 자료 중에서
3권을 선별하는 방식의
논문 작성 기술을 배워라

IIIᴀ 자기 의도와 전체 흐름을 정하는 것도 일 처리 기술을 연마하는 좋은 방법이다. 논문 작성은 이런 트레이닝을 하기 위한 효과적인 방법이 될 수 있다. 논문 작성은 일 처리 기술이 핵심적인 작업이다. 문제를 제기하는 서론, 그것에 이어지는 본문의 명쾌한 이론과 결론, 대표적인 몇 가지 키워드. 이것이 논문이 갖춰야 할 기본 형태이자 구조다. 문장들 안에 체계적인 형식이 감춰진 것이 논문이다.

논문이 체계를 갖추고 완성되기 전, 자료를 수집하는 단계가 있다. 연구자 중에는 자료를 수집하는 일에만 몰두하고, 논문 작성을 어려워하는 사람이 의외로 많다. 논문을 잘 쓰는 사람과 잘 쓰지 못하는 사람의 가장 큰 차이는 어디서 비롯될까? 다음의 두 가지다. 첫째, '논문의 본질을 정확히 이해하고 있는가?'다. 둘째, '전체 흐름을 파악하고 있는가?'다. 두 가지가 빠졌다면 논문을 쓰기 어렵다. 막연하게 무엇인가 쓰고 싶다, 하는 생각만 앞세우면 정리 안 된 난삽한 문장으로 이루어진 엉터리 논문을 쓰기 쉽다.

전체 흐름이 있기에 일 처리 기술이 좋아진다. 전체 흐름이 잡히면 논문 작성에 필요한 자료가 무엇인지 알 수 있다. 100권이나 되는 방대한 자료 중에서 논문 작성에 필요한 3권을 선별할 수 있다. 전체 흐름이 잡히지 않으면 100권을 다 읽은 뒤 생각할 수밖에 없다. 시간도 오래 걸릴 뿐 아니라 논문을 마무리하기도 어려워진다. 무슨 일을 하든지 '자신이 어떤 관점에서 무엇을 할 것인가?'를 이해하는 것이 중요하다. 자기 생각을 정리하고 전체 흐름을 잡으면 일 처리 기술이 단순해져 효율적으로 바뀐다.

6

시간 순서보다 우선순위를 생각하며 문제를 해결하라

IIIʌ　자신의 일 처리 기술이 형편없다며 고민하는 사람이 많다. 시간 순서에 연연하다가 좋은 결과를 얻지 못하는 사람도 드물지 않다. 모든 일을 완벽하게 진행하려다가 중요한 단계에 도달하지도 못한 채 시간만 허비하는 사람도 적지 않다. 시간 순서를 착실히 밟아야 일 처리 기술이 작동되는 것으로 착각하는 사람도 허다하다.

회의 시간에도 마찬가지다. 보고 내용이 끝없이 이어지면 심층 토론하며 결정해야 할 사항에서는 다들 지쳐버린다. 이런 회의는 비효율성의 극치다. 어떻게 해야 할까? 진행 순서를 바꿔야 한다. 일 처리 기술이 뛰어난 사람은 시간 순서보다는 우선순위를 생각하며 문제를 해결한다. 시험 문제를 푸는 상황도 마찬가지다. 1번부터 차례로 문제를 푸는 사람과 쉽게 풀 수 있는 문제, 배점이 높은 문제부터 푸는 사람은 같은 실력이라도 큰 차이가 날 수 있다.

고민 없이 주어진 순서대로 일을 처리하는 사람은 성과를 내기 어렵다. 책을 읽을 때도 마찬가지다. 처음부터 차례로 읽다가

50쪽 정도에서 책장을 덮는다. 똑같이 책 한 권의 50쪽 정도 분량을 읽어도, 핵심 내용을 선별해서 읽는 사람과는 지식과 지혜의 축적 면에서 큰 차이가 난다.

우선순위에 따라 일을 재편성하는 능력을 길러야 한다. 이 능력을 가진 사람이라면 일 처리 기술을 갖췄다고 볼 수 있다. 일 처리 기술이란 에너지를 배분하는 일이다. 성과를 거두고 싶다면 중요한 일에 에너지를 쏟아야 한다. 승부의 관점에서는, 상대방의 약한 부분에 에너지를 쏟는 것이다. 상대방의 빈틈에 집중하여 에너지를 쏟으면 자기보다 뛰어난 기술을 가진 상대방이라 해도 이길 수 있다.

'자기 능력과 에너지를 언제 활용할 것인가'도 중요하다. 아침형 인간이라면 활력이 넘치는 이른 새벽에 중요한 업무를 처리하는 게 좋다. 밤늦은 시간에 생산성이 높아지는 저녁형 인간이라면 저녁 시간이나 한밤중에 중요한 업무를 보아야 한다.

일 처리 기술 순서를 짚고 넘어가자. 큰 틀을 파악한 뒤 일하는 것이 좋다. 이것을 그림 그리는 상황에 빗대어 설명하면 이해하기 쉽다. 손 모양은 잘 그려졌는데, 전체 균형이 맞지 않을 때보다는 전체 꼴을 잡은 뒤 신체 부위 등 세밀한 부분을 그릴 때 훌륭한 그림을 그릴 가능성이 크다. 대략의 틀을 잡은 다음 그 안에 세부 내용을 채운다.

이 원리는 영어 문장을 해석하는 상황에도 적용된다. 복잡한 영어 문장이 있는데, 그중 어느 단어가 주어인지, 어느 단어가 동사인지 구조를 파악할 수 있다면 절반 이상 문제는 해결된 셈이다. 관계대명사나 명사 등 세부 사항은 몰라도 의미를 파악할 수는 있다. 첫 문장부터 나오는 단어를 순서대로 사전을 찾으며 해석하다가는 지치기 쉽다. 전체 문장에서 핵심 키워드가 되는 단어부터 찾아가면 어렵지 않게 의미를 파악할 수 있다. 이런 식으로, 큰 틀을 파악한 뒤 우선순위를 정하는 것이 일 처리 기술을 갈고닦는 핵심 요소다.

7

의도적으로
급박한 상황을 만들고,
그 일을 꼭 하도록
채찍질하라

▌▌▌ 상황을 설정하는 힘이 갖춰지면 더 큰 잠재력을 끌어낼 수 있다. 이는 일 처리 기술을 갈고닦는 데 필요한 마인드다. 곤란한 상황에 부닥치면 인간은 회복탄력성이 있어서 어지간한 일은 다 해낼 수 있다. 무슨 일을 하든 시간제한 없이 하는 것과 5분, 10분 하는 식으로 정해두고 하는 것과는 효율성 면에서 차이가 난다. 납품 기한을 정하지 않으면 시간이 지나도 제품이 완성되기 어려운 것과 마찬가지다. 의도적으로 급박한 상황을 만들고, 그 일을 꼭 하도록 채찍질해야 한다. 이것이 일 처리 기술을 갈고닦는 방법이다.

일 처리 기술은 어떤 장점을 가져다줄까? 상황 흐름에 따라 달라지는 인간 감정이나 욕망과는 별개로, 정해진 메커니즘에 의해 움직인다는 점을 꼽을 수 있다. 그 일 처리 기술이 다른 사람에 의해 규정되므로 강한 의지가 생기지 않는다면 마음이 맞는 누군가와 함께 일 처리 기술 메커니즘을 구축하면 된다.

뛰어난 학습 효과를 기대한다면 두 사람이 함께 공부하기를 권한다. 혼자서 공부하면 마음이 흐트러지기 쉬우나, 둘이 만나

제5장 | 유능한 직장인과 일류 경영자를 만드는 11가지 업무 기술

함께 공부하면 집중도 잘 되고 지루하지도 않아 끈기 있게 밀고 나갈 수 있다. 나도 그런 식으로, 고등학교와 대학교, 대학원 입시 준비까지 친한 친구와 함께 공부했다. '몇 월 며칠까지, 무슨 과목 몇 페이지까지 끝내자' 하는 식으로 목표를 세우면 열정이 솟는다.

일 처리 기술 메커니즘을 구축하면 잠재력을 끌어낼 수 있다. 아무리 훌륭한 일 처리 기술이라도 자신이 강요당한다고 느끼면 효과를 발휘하기 어렵다. 자신이 이해할 수 있는 방향으로 상황을 바꿔야 하는 것은 그래서다. 그러나 모든 것을 한꺼번에 바꾸려고 해서는 안 된다. 그보다는 일 처리 기술 메커니즘을 구축하기 위한 변화를 시도하는 것만으로도 자신이 능동적으로 만드는 일 처리 기술이라는 인식이 생긴다. 누가 시켜서 억지로 하는 일이 아니라 스스로 고민하며 만든 원칙과 일 처리 기술 메커니즘에 따라 작업하는데, 강요당한다는 부정적인 생각을 할 사람은 없지 않을까.

상황이 발휘하는 힘을 인식하고 실천하지 않으면 안 되도록 조건을 스스로 만드는 것이 일 처리 기술을 연마하는 방법이다. 나는 업무차 누군가를 만나거나 회의할 때 장소나 시간을 정하는 일에 까다로운 편이다. 회의할 때 앉는 자리나 만나는 시간에 따라 생산성이 천양지차이기 때문이다. 앉는 자리나 방식, 시간 등을 정하는 과정은 일 처리 기술 자체라고 해도 지나치지 않다. 이 점을 등한시하면 열에 여덟아홉은 후회하게 된다.

중요한 일을 업무 시간이 시작되기 전에 끝내는 '아침형 업무 기술'이 인기를 얻는다. 이 또한 일 처리 기술의 하나다. 아침 6시쯤 회사에 도착한 다음, 업무가 시작되기 전 3시간 동안 몰입해서 어렵고 중요한 일을 끝낸다. 이른 아침 3시간, 조용한 시간과 쾌적한 공간을 도심 한복판에서 확보할 수 있다는 점만으로도 큰 이익이다. 이후 정상적인 업무 시간이 시작되면 마음의 여유를 잃지 않고 일해서 오후 3~4시에 업무를 마무리한다. 이런 식으로 풍요롭고 보람 있는 시간을 보낼 수 있다. 능력이 달라지지는 않지만, 일 처리 기술 메커니즘을 구축해 자기 능력을 배분하면 유능한 사람으로 인정받을 수 있다.

업무 우선순위를 정하는 일은 중요하다. 업무 중에는 피곤해도 할 수 있는 일과 그렇지 않은 일이 있기 때문이다. 전 세계적으로 유명한 작가 스티븐 킹은 『유혹하는 글쓰기』를 펴냈다. 이 책에서 그는 자신이 일하는 방식을 들려준다. 오전 중에 그는 다른 일을 배제한 채 집필에만 몰두한다. 오후가 되면 편지를 쓰거나 사람을 만나고, 저녁 시간에는 휴식을 즐긴다. 하루 중 오전에만 일하는 셈이다.

작가의 일 중에서 피곤해도 할 수 있는 일과 그렇지 않은 일은 무엇일까? 책 읽기는 피곤해도 할 수 있지만, 글쓰기는 지친 상태에서 하기 어렵다. 작가가 글쓰기를 위한 열정과 에너지가 발휘될 수 있는 시간을 마련하는 일이 중요한 것은 그래서다.

모든 사람이 스티븐 킹처럼 아침형 인간이 될 필요는 없다. 아침 시간보다 저녁 시간에 글이 잘 풀리는 작가도 많다. 무슨 일을 하든 열정과 에너지가 발휘되는 시간이 한밤중인 사람은 그 시간에 일하면 된다.

스티븐 킹은 글쓰기 할 때 방해받지 않기 위해 문을 걸어 잠근다. 전화선도 빼놓는다. 접촉 가능성을 차단한 채 조용한 음악을 튼다. 자기 세계로 빠져들기 위해서다. 내면으로 자신을 몰아가다 보면 아이디어가 쏟아져 나온다. 킹은 날마다 이 방법을 적용해 글을 쓴다. 그는 『리타 헤이워드와 쇼생크 탈출』, 『그린 마일』, 『미저리』, 『샤이닝』 등 셀 수 없이 많은 위대한 작품을 남겼다.

만약 당신이 작가가 되기를 꿈꾼다면 날마다 책상 앞에 앉아라.

작가 우노치요가 들려주는 조언이다. 당장 무엇을 쓸 것인가보다 책상 앞에 앉는 것이 중요하다. 스티븐 킹이 '반드시 문 잠그는 시간을 만든다'라고 하는 것과 같은 맥락이다.

나도 학교 연구실에서 글을 쓸 때는 전화로 인해 방해받지 않도록 조치해놓고 일을 시작한다. 그럴 수밖에 없는 것이, 한참 집중해서 글을 쓰고 있는데 갑자기 전화벨이 울려서 맥이 끊어지면 다시 집중해서 그 수준으로 끌어올리기까지 많은 에너지가 소모되기 때문이다. 다른 사람과 이야기 나누는 시간의 활동 질과 집중해서 글 쓰는 시간의 활동 질은 다르다. 앞의 활동은 자신을 방출하는 시간이고, 뒤의 활동은 자기 내면으로 들어가는 시간이다.

다양한 활동의 질을 수준 차이에 따라 몇 가지 일 처리 기술로 나눠라. 그다음 작업은 이것이다. 먼저, 외부와 교류를 차단한 채 내면으로 들어가 자신과 소통하며 자기만을 위한 활동으로 채워라. 그런 다음, 내면에서 빠져나와 다른 사람을 만나 소통하며 즐겁게 지내라.

오랜 시간 책을 읽은 뒤 글을 쓰려고 펜을 손에 잡으면 글감이 떠오르지 않고 한 단어도 쓸 수 없는 것은 어째서일까? 자신의 다양한 활동의 질을 파악하지 못하기 때문이다. 상황 설정이 뇌의 잠재력을 끌어내기도 하고, 소모하게 하기도 한다.

8

표면의 일 처리 기술보다 '이면의 일 처리 기술'에 집중하라

IIIM　일 처리 기술에는 표면의 것과 이면의 것 두 가지가 있다. 표면의 일 처리 기술이란 말 그대로 겉으로 드러나는 시간 흐름을 말한다. 작은 규모의 음식점을 예로 들어보자. 주인은 식당 문을 열어 손님을 맞이하고 주문받은 음식을 만든다. 이런 것이 표면의 일 처리 기술이다. 그 이면에서는 무슨 일이 일어날까? 식당 문을 열기 전에 이루어지는 모든 준비 작업이다. 그 준비 작업에 필요한 것이 이면의 일 처리 기술이다. 어떤 일에 철저히 준비 작업을 해두는 것이 일 처리 기술을 연마하고 활용하는 방법이다.

아마추어는 사전에 준비해야 한다는 의식이 적다. 이런 관점에서 준비 작업에 대한 의식을 가졌는가 그렇지 못한가가 프로인가 아마추어인가를 나누는 잣대가 된다. 일 처리 기술에는 이면의 기술이 존재한다. 업무 능력이 뛰어나다고 인정받는 사람을 보면 표면과 이면 두 측면의 일 처리 기술력이 모두 갖춰진 경우가 많다.

표면의 일 처리 기술은 단박에 알 수 있고 연마하기도 쉽다.

이면의 일 처리 기술은 간파하기 어렵고 체득하기도 쉽지 않다. 이면의 일 처리 기술을 간파한다는 것은 무슨 의미일까? 그 일을 하는 사람의 관점에서 바라보고, 그의 입장에 선다는 의미다. TV 드라마는 등장인물과 얼개를 담고 있고, 스토리 전개에 따라 상황이 벌어진다. 이것은 TV 드라마의 표면 일 처리 기술이다. 그 이면에는 무엇이 있을까? 대본 작성과 리허설, 스폰서 섭외 등의 요소를 꼽을 수 있다. 프로는 준비 작업에 대한 의식을 지닌 데 반해, 아마추어는 이면의 일 처리 기술에 대한 의식을 지니지 못한 경우가 많다.

패션쇼나 촬영 현장의 겉으로 드러나는 모습을 모델 지망생이 보고 있으면 자기도 잘할 수 있을 것 같은 생각이 들기 쉽다. 힘들고 복잡한 이면의 과정을 이해하면 생각처럼 쉬운 일이 아니란 걸 깨닫는다. 끝도 없이 이어지는 오디션, 기약 없는 대기 시간, 몸매 유지를 위한 피눈물 나는 식사 조절 등 넘어야 할 산이 한둘이 아니다.

어렵고 복잡한 이면의 일 처리 기술을 파악하면 잘 해낼 수 있을지 판단이 선다. 현장에 뛰어들어 상황에 맞닥뜨리다 보면 일 처리 기술은 이면의 준비 작업이라는 사실을 깨닫는다. 이면의 과정을 인식하고 준비하는 작업은 일 처리 기술을 갈고닦기 위한 훈련이기 때문이다.

어떤 사람이 이면의 일 처리 기술의 본질을 파악한다면, 그는 상당한 수준의 일 처리 기술력을 갖추었다고 볼 수 있다. 요리를 다시 예로 들어보자. 요리의 일 처리 기술력을 갖춘 사람이라면 어떤 음식이 어떻게 만들어졌는지, 식재료부터 구체적인 조리법까지 한눈에 알 수 있다. 그는 그 음식이 요리 전문가의 수준 높은 기술로 만든 것인지, 라면처럼 누구나 만들 수 있는 간단한 요리인지 금방 알아챈다. 그는 그 '이 음식점에 이 음식 값을 지불할 만한 가치가 있는가'도 판단한다. 훌륭한 요리사가 조리한 음식을 맛보면 손님도 일삼아 그곳까지 찾아간 보람이 있고, 그 음식을 만든 사람도 자신을 인정하는 사람을 만났으니 모두 이익이다.

완성품이 단순해 보일수록 이면의 준비 작업은 복잡한 경우가 많다. 형태를 단순하게 만들자면 자르고 버리는 일이 필수다. 여기에 필요한 준비 작업이 어렵고 복잡할 수밖에 없다.

나는 오래전 『소리 내어 읽고 싶은 일본어』라는 책을 펴냈다. 이 책은 특성상 텍스트 인용이 많은 데 반해 해설로 정리한 내용은 분량이 적은 편이었다. 다른 책에 비해 이 책을 쓰기가 수월했을 것이라고 짐작하는 사람이 많은 것은 그래서다.

사실은 그렇지 않다. 자기 생각과 지식만을 재료로 책을 집필하는 편이 오히려 쉽고 편하다. 『소리 내어 읽고 싶은 일본어』를 쓰는 과정에서 콘셉트에 맞는 좋은 문장을 선별하기 위해 조사하고 살펴본 책은 셀 수 없이 많다. 해설을 쓰기 위해 나는 온갖 참고서를 섭렵해야 했고, 일정한 분량으로 단락지어 단순한 형태로 정리하기 위해 노력과 에너지를 쏟아야 했다. 이런 맥락에서 『소리 내어 읽고 싶은 일본어』야말로 이면의 일 처리 기술로 탄생한 책이라 할 만하다.

9

메이킹 필름을
일 처리 기술을 연마하는
도구로 활용하라

IIM 일 처리 기술을 연마하기 위해서는 이면의 메커니즘을 꿰뚫어 볼 수 있는 눈과 판단력이 있어야 한다. 이면에 감춰진 일 처리 기술을 파악하는 훈련 도구로 메이킹 필름만 한 것이 없다. 메이킹 필름이란 영화의 제작 과정을 정리하여 상품화한 것이다. 나는 스튜디오 지브리가 내놓은 〈원령공주(모노노케 히메)〉 메이킹 필름을 시청한 적이 있는데, 그 장대함에 놀랐다. 발상 단계부터 캐릭터 디자인, 색깔 선택, 카피 쓰기 등 메이킹 필름을 보지 않고 완성작만 보아서는 상상하기조차 어려울 만큼 다양한 일 처리 기술이 그 안에 농축돼 있기 때문이다. 미야자키 하야오 감독을 비롯한 많은 스태프의 엄청난 노력과 에너지가 〈원령공주〉 안에 녹아 있음을 메이킹 필름을 통해 알 수 있었다. 메이킹 필름만 잘 살펴보아도 스튜디오 지브리가 영화 한 편 한 편을 되는대로 만드는 것이 아니라 탁월한 일 처리 기술을 무기로 큰 틀을 체계적으로 잡은 다음, 흐름을 원활하게 살리며 수준 높은 작품을 완성한다는 사실을 확인할 수 있다.

나는 메이킹 필름이 상품화되어 대중에게 소비되는 시대가 열렸다는 사실에 흥미를 느낀다. 애니메이션이나 소설 등의 문학 작품을 좋아하는 팬들에게는 두 부류가 존재한다. 첫째, 이미 완성된 작품을 순수하게 즐기는 부류다. 둘째, 자신을 제작 스태프에 빙의하여 준비 단계에서 어떻게 했는지, 캐릭터 제작과 성우 선정은 어떻게 했는지 등을 따져보는 식으로 즐기는 부류다. 메이킹 필름을 구매하는 팬층은 두 번째 부류다.

나로 말하자면, 둘 다 아니다. 그토록 수준 높고 대단한 완성도를 자랑하는 히트 상품이 탄생하는 데 밑거름이 된 뛰어난 일 처리 기술을 관찰하며 비법을 배우고 싶을 따름이다. 메이킹 필름을 활용하면 이면에 숨겨진 일 처리 기술을 파악하기 위한 안목을 키우는 데 도움이 된다. 메이킹 필름을 볼 때 비하인드 스토리가 궁금하여 해소 차원에서 보는 것도 나쁘지 않지만, 일 처리 기술을 연마하는 도구이자 수단으로 활용한다면 의미 있는 시간이 되지 않을까.

TV 프로그램 〈요리의 달인〉은 그 자체가 메이킹 과정을 보여주는 콘셉트로 구성되었다. 지금까지 요리는 그저 맛있게 먹기만 하면 되는 것으로, 뛰어난 전문 요리사가 실제로 조리하는 과정을 보기는 어려웠다. 〈요리의 달인〉은 식재료 선정과 메뉴 만들기, 조리, 플레이팅에 이르기까지 모든 과정을 시청자들에게 보여준다는 의미에서 발상력과 기획력이 탁월한 프로그램이라고 생각한다. 요리 이외의 다른 분야에서 일하는 사람들도 이 프로그램에서 자극받았다고 한다.

　세세한 일 처리 기술을 자신이 속한 특정 분야만이 아니라 다양한 분야에서 흡수하여 자기 것으로 만들 수 있는 시대가 되었다. 지식과 경험의 벽이 무너지고, 각 분야에 축적된 노하우가 거침없이 흘러 들어가고 흘러들어오는 '통섭'의 시대가 열리기 시작했다. 〈요리의 달인〉은 그 징표와도 같은 방송 콘텐츠다.

　일 처리 기술 관점에서 〈원령공주〉 메이킹 필름을 분석하면 스튜디오 지브리의 미야자키 하야오 감독과 프로듀서 스즈키 도시오의 관계를 이해할 수 있다. 두 사람의 뛰어난 능력이 어떻게 작품 안에서 결합하여 놀라운 시너지를 창출하고 위대한 작품으로 완성되는지도 알 수 있다. 이는 자동차 제조기업 혼다의 창업자 혼다 소이치로와 그의 동료 다케오의 관계가 비슷하다.

　혼다 소이치로는 아이디어로만 임직원을 이끌고, 경영은 신경 쓰지 않았다. 다케오는 다르다. 그는 경영에만 온 힘을 쏟았다. 두 사람의 강점이 어우러지고, 표면의 일 처리 기술과 이면의 일 처리 기술이 조화를 이루었기에 혼다가 전 세계적으로 유명한 자동차 제조기업으로 우뚝 설 수 있었다. 〈원령공주〉의 프로듀서 스즈키 도시오와 감독 미야자키 하야오의 관계 역시 비슷하다. 훌륭한 작품을 만드는 것은 하야오의 일, 그것을 판매하고 수익을 창출하는 것은 도시오의 일이다.

10

망원경이나 현미경
배율을 바꾸듯
사물과 세상을 보는
관점을 바꿔라

▐▐▐▌ 일 처리 기술이란 질적으로 다른 작업을 하나로 통합하는 능력이다. 어느 기간 동안 어떤 일을 하겠다는 식으로 계획을 세우지 않으면 일을 끝내기 어렵다. 성질 차이를 구분하면서 메커니즘을 구축하는 것이 일 처리 기술을 연마하는 과정에서 중요하다.

나는 강의 시간에 종종 학생들에게 과제를 내주고, 그 안에 내재한 일 처리 기술을 적게 한다. 그 과정에 같은 성질을 지닌 것이 계속 나오는데도 다른 기술로 여기는 사례를 많이 보았다. 12개의 순서가 있고, 각각 4개씩 성질이 같을 때 크게 3개의 일 처리 기술로 나누면 된다. 그 공정 안에 제각각 성격이 다른 1, 2, 3, 4가 있고, 5, 6, 7, 8이 있고, 9, 10, 11, 12가 있는 것인데, 아무런 구별 없이 전부 1, 2, 3, 4…… 식으로 나열하며 12번까지 번호를 매기는 사람이 적지 않다. 무엇보다 먼저, 전체가 3개의 공정으로 이루어져 있음을 파악하는 안목이 있어야 한다. 그것을 12공정으로 이해하고 받아들이는 사람은 일 처리 기술력이 부족하다고 보아도 지나치지 않다.

일 처리 기술을 연마하고자 한다면 망원경이나 현미경 배율을 바꾸듯 사물과 세상을 보는 관점을 바꿔야 한다. 전체 구조를 파악하고 싶다면 세세한 요소들을 신경 쓰지 말아야 한다. 시간 흐름에 따라 일어나는 일들을 나열하는 식으로 12개를 메모하는 것이 아니라(물론 메모조차 하지 않는 사람보다는 낫다) 각각 4개씩 3개의 공정으로 이루어진 구조를 발견할 수 있는 발상력을 기르는 것이다.

탁 트인 시야로 나무와 숲을 보려고 노력하다 보면 작업의 성질이 질적으로 달라지는 순간을 간파한다. 질적 변화가 일어나기 전과 후의 상태는 확연히 다르다. 질적 변화가 어느 시점과 지점에서 일어나는지 통찰하는 과정이 일 처리 기술을 연마하는 과정이다. 이 과정에 능숙해지면 일 처리 기술 메커니즘 안에서 비슷한 성격의 작업을 지속하므로 효율적으로 일할 수 있다. 안개가 걷힌 듯 앞이 잘 보이니까 마음이 불안하지도 않다.

일을 능숙하게 해내는 사람은 불필요한 것을 생각하느라 에너지를 낭비하지 않는다. 이런 유형의 사람은 복잡한 일을 하면서도 사고 흐름은 단순할 때가 많다. 어떻게 두 가지가 양립하는 게 가능할까? 자기가 하는 일을 단순화할 수 있으므로 뇌 안의 에너지를 불필요하게 사용하지 않아도 되기 때문이다. 일 처리 기술이 부족한 사람은 '이런 일을 해도 괜찮을까?' 하며 쓸데없이 많은 것을 고민한다. 이런 식으로 에너지를 낭비하면 일을 마무리할 때까지 자기 안에 에너지를 축적하기 어려워진다. 일 처리 속도도 늦어질 수밖에 없다.

자기 안에 에너지를 축적하며 일하는 사람은 어떤 유형일까? 덮어놓고 끈기 있는 사람이라기보다는 멀리 내다볼 줄 아는 사람이다. 누구든 예측하기 어려운 문제는 단념하기 쉽다. 공부에 인내력을 발휘하지 못하는 사람도 특별히 좋아하는 분야에서는 끈기를 보여주는 경우가 많다. 이는 끈기의 문제가 아니다. 그 일이 자신에게 즐거운 일인가 아닌가가 관건이다. 멀리 보며 성공적이고 행복한 미래를 그릴 수 있으면 끈기는 생길 수밖에 없다.

고등학교 야구나 축구에서는 이 점이 분명하게 나타난다. 가장 강한 팀과 학교는 어디일까? 가장 유능한 감독이 있는 학교의 팀이다. 그 감독이 다른 학교로 옮겨가면, 다시 그 학교가 가장 강한 학교가 된다. 모든 선수가 그의 일 처리 기술을 신뢰하며 따르기 때문이다. 이런 감독의 지휘 아래에서는, 그의 지시를 따르면서 꾸준히 노력하면 우승 트로피는 떼어놓은 당상이다. 유능한 감독 밑에서는 선수로서 밝은 미래가 기대되기에 열심히 노력할 수 있다. 선수의 기량과 자질보다 감독이 지닌 일 처리 기술이 승리와 우승을 위해 더 중요한 요소라고 말할 수 있는 것은 그래서다. 감독의 역량을 믿고 모든 선수가 각자 최선을 다함으로써 리듬과 시너지를 창출할 수 있기 때문이다. 끈기와 승부 근성, 열정과 지속하는 힘은 일 처리 기술을 확신함으로써 가속도가 붙는다.

11

'비스듬히 겹치기' 방법으로 일 처리 기술을 갈고닦아라

IIIΛ　일 처리 기술을 연마하는 방법 중에 '비스듬히 겹치기'
가 있다. 출판, 특히 잡지 출판의 일간, 주간, 월간, 계간, 연간 개
념이 좋은 예다. 이것을 업무에 적용하자면, 일주일 안에 끝내야
하는 일도 있고 월 단위로 마무리해야 하는 일도 있다. 이 방식
을 업무에 활용하는 이유는 동시에 여러 가지 일을 진행해야 하
는 상황에서도 중복되지 않도록 조절하며 일 처리 기술 메커니
즘을 구축할 수 있기 때문이다. 시간상으로 제각각 다른 간격을
가진 일 처리 기술을 절묘하게 회전시키며 진행하는 방식이다.
이때 각각의 일 처리 기술에 우와 열이 정해진 것은 아니다.

　업무만이 아니라 인간관계도 마찬가지다. 1년에 한 번쯤 만
나는 게 적당한 사람이 있고, 계절이 바뀔 때마다 한 번씩, 혹
은 매주 한 번쯤 만나는 것이 좋은 친구가 있다. 여기서 오해하
지 말아야 할 점이 있다. 1년에 한 번 정도 만나는 친구가 매주
한 번씩 만나는 친구보다 중요하지 않은 것은 아니라는 점이다.
일 처리 기술을 연마하고, 그 메커니즘을 구축하는 일도 마찬가
지다.

나는 어느 주간지에 글을 연재한다. 매주 압박받고 독촉받는 일이 있는 셈이다. 나는 또 그 일과 병행하여 월간지, 계간지, 1년 안에 해야 할 연구, 5년 또는 10년이라는 긴 시간을 들여서 해야 할 연구 등으로 나눠서 일한다. 일의 성격에 따라 마무리하는 데 걸리는 시간은 다르다. 와인을 양조하는 일처럼 많은 시간이 소요되는 일이라면 당장 작업을 시작해야 한다. 조급한 마음에 서둘러서는 안 된다. 큰 틀을 잡고 체계를 갖추며 전체 일정을 짠 다음, 세부 일 처리 기술을 더해가야 한다. 장기적인 일일수록 일사불란하게 진행하되, 눈앞에 있는 작업을 해치우는 식이 되어서는 안 된다. 시간과 마음의 여유를 갖고 마무리해야 한다. 각각의 일 처리 기술이 중복되지 않도록 배치하는 일도 중요하다.

　중복을 피하기 위한 도구로 수첩만 한 것이 없다. 수첩을 보면 하루, 일주일, 한 달, 일 년이라는 단위가 시각적 이미지로 머리에 들어온다. 나는 평소 일주일 단위로 나뉜 수첩을 주로 사용하기에 일주일이 생활의 기본 단위가 된다. 작업의 중요도에 따라 삼색 볼펜을 사용하여 색깔로 세부 일정을 표시한다. 그 옆에 충분한 여백을 가진 기다란 '네모 칸'을 그려 넣는다. 네모 칸 안에 꼭 해야 할 중요한 일도 적는다. 이 작업만 잘해도 일주일 동안 해야 할 중요한 일들이 일목요연하게 정리되어 한눈에 들어와 중압감이 줄어들고 마음이 편해진다.

나는 일과 중에서 수첩을 보는 시간이 많은 편이다. 지하철로 이동하는 시간은 물론이고 식사 시간이나 화장실에서 대변 보는 시간에도 수첩을 꺼내어 일정을 확인한다. 이미 한 일과 지금 하는 일, 앞으로 해야 할 일을 분석하고 예측한다. 수첩을 보는 일은 마음의 안정을 가져다주어 정신 건강에 도움 되며 노화 예방에도 효과적이다. 일에 쫓기는 상황에서도 수첩을 보다 보면 복잡한 일이 정리되고 마음이 편안해지기 때문이다. 수첩 없이 생활해야 한다면 얼마 못 가 머릿속이 뒤죽박죽되고 스트레스에 시달릴 게 틀림없다.

주위를 둘러보면, 종이 수첩보다 전자수첩을 사용하는 사람이 더 많아진 것 같다. 나는 전자수첩보다는 종이 수첩을 좋아하고 즐겨 사용한다. 항상 일에 쫓기며 분주하게 사는 내가 효율적으로 일하며 즐겁게 사는 비결이 이 작은 수첩이라고 해도 지나치지 않을 정도다. 종이 수첩이 촌스럽긴 해도 뜻밖의 탁월한 기능성을 갖추고 있기 때문이다. 휴대하기 편할 뿐 아니라, 쉽게 메모할 수 있고, 원하는 대로 색칠도 할 수 있다. 일주일 동안 해야 할 일을 색깔 별로 파악할 수 있으므로 긴장감을 유지하며 일할 수 있게 해준다. 이는 종이 수첩만이 지닌 장점이지 않을까.

종이 수첩의 쓰임새는 그게 다가 아니다. 잘 활용하면 일이 중복되지 않도록 배치하는 기술도 갈고닦을 수 있다. 일주일의 일정은 이렇게, 일 년 동안 진행해야 할 프로젝트는 또 이렇게, 하는 식으로 시간 간격을 정하고 그에 맞는 다양한 일 처리 기술을 갈고닦을 수 있다. 큰 틀 안에서 사물과 상황을 고려하며 주 단위, 월 단위, 연 단위로 나눠 일하면 실수나 시행착오를 줄일 수 있다.

나는 마감일보다 일을 앞당겨 끝내는 편이다. 12월 말까지 끝내야 할 원고 작업을 10월 말까지 마무리하는 식이다. 이렇게 하면 11월과 12월의 두 달을 여유롭게 보낼 수 있다. 원고를 업그레이드할 여유도 생긴다. 두 달 일찍 끝냄으로써 효율적으로 일을 마무리할 수 있다. 그 원고로 만든 책의 결과가 성공인지 실패인지도 두 달 일찍 감을 잡을 수 있다. 그 경험을 다음 책 작업에 활용할 수도 있다. 이런 식으로 속도감 있게 일하고 회전시켜야 한다.

예정보다 앞당겨 일을 끝내려면 어떻게 해야 할까? 일 처리 기술 메커니즘이 구축돼 있어야 한다. 10월까지 원고 집필을 끝내기 위해 몰입해서 일하다 보면 시간을 낭비하는 일이 줄어든다. 여유롭게 세운 계획은 위태로울 수 있다. 원고를 탈고하지 못해 책 출간 자체가 어그러질 위험이 있기 때문이다. 처음에는 두 달이 밀리다가, 몇 차례 반복되면 돌이킬 수 없는 상황을 맞게 된다.

자기만이 가진
'일 처리 기술'에 눈떠라

▌▌▌▌▌ 일 처리 기술은 모든 부문에 활용된다. 당신이 어떤 일에 뛰어난 일 처리 기술을 가지고 있다면 다른 일에도 응용할 수 있다.

요리에서 일 처리 기술은 식재료를 준비하는 일부터 식사가 끝난 뒤 정리하는 일까지 아우른다. 전문 요리사는 요리를 마친 뒤 식기 도구를 정리한다. 그는 요리가 완성되기까지 해야 할 모든 세부 작업을 꿰고 있고, 우선순위를 알고 있다. 그는 식재료 일부와 조미료가 부족할 때 빠른 판단력으로 문제를 해결하고 맛있는 요리를 완성한다. 일 처리 기술의 여러 국면이 요리 과정에 나온다.

요리에 자신 있는 사람이라면 다른 일도 요리에 빗대어 생각하라. 무슨 일이든 자신이 잘할 수 있는 일이 있으면 다른 일에 응용하면 된다. 자기가 잘하는 방식으로 진행하면 원활하게 작업이 진행된다. 시너지 효과가 커지고 활력이 넘친다. 좋아하는 영역이라도 자기 스타일을 파악하지 못하면 역량을 발휘하기 어렵다. 그러나 장점을 살리고 단점을 보완하면서 작업하면 자신감을 잃지 않고 일을 끝낼 수 있다.

일 처리 기술 메커니즘을 구축할 때 각각의 기술마다 결정적 차이가 존재하는 것은 아니다. 사람들이 생각하는 것처럼, 분야마다 요구받는 재능에 큰 차이가 존재하지는 않는다. 회사 경영과 운동의 경우가 그렇다. 두 영역은 서로 관계없는 것처럼 보이지만, 운동 경험이 육체적, 정신적으로는 물론이고 경영에도 도움 된다고 한다. 등산도 마찬가지다. 이 점에 대해 사람들에게 물어보았는데, 산을 오르는 데 일 처리 기술이 필요하다고 말하는 사람이 많았다.

등산하려면 당일 코스라도 시간을 정하고 자기 역량을 고려해 코스를 정해야 한다. 산에서 밤을 보내는 등산은 일 처리 기술이 없다면 조난할 위험도 있다. 등산로의 어디까지 오를 것인가. 이를 위해 무엇을 어떻게 준비해야 할까. 사람들은 등산 날짜가 가까워져서야 텐트를 사러 간다. 등산 전문가들은 사전에 계획을 세워 일정에 차질이 없게 한다. 등산 분야에서는 일 처리 기술이 목숨과 관련된 문제다. 그러므로 강하게 훈련해야 한다.

경험은 일에 활용된다. 학창 시절 열정과 노력을 쏟은 활동이 졸업한 뒤 다른 일에서 빛을 발하는 경우가 있다. 그런 경험을 누구나 해보았을 것이다. 한때의 경험으로 근성이 키워지고 일 처리 기술이 연마되었기 때문이다. 일 처리 기술은 모호하거나 추상적이지 않다. 구체적이다.

유능한 사람으로 인정받고 싶어 모든 일에서 열심히 노력하고 애를 써도 일 처리 기술이 뒷받침되지 않으면 뜻대로 되지 않는다. 의욕이 떨어진다. 일 처리 기술이 발휘되고 순환될 때 의욕이 넘치고 활력이 생긴다. 의욕이 있는가 없는가를 묻기 전에 평소 일 처리 기술을 연마하고 있는지 물어야 한다.

아이들을 가르치다 보면 이 점을 알 수 있다. 아이들이 의욕을 가지고 있으면 좋겠지만, 생각대로 되지는 않는다. 아이의 공부하고 싶은 욕구는 교사가 일 처리 기술 메커니즘을 구축해 이끌어가면 생기기 마련이라는 점은 다행스럽다. 의욕은 일 처리 기술 메커니즘을 구축하고 연마하는 과정에서 솟는다.

자기 안의 일 처리 기술에 눈 뜨는 것이 첫걸음이 되어야 하는 것은 그래서다. 누구든지 자기 안에 일 처리 기술력이 잠재하리라 확신하며 노력해야 한다. '혹시 있을지 모르지만, 없을 수도 있어'라는 부정적인 생각을 버려라. '내 안에 일 처리 기술력이 잠재해 있어'라는 확신으로 찾다 보면 발견할 수 있다.

에필로그

이 세상에 일 처리 기술력을 하나도 가지고 있지 않은 사람은 없지 않을까. 누구나 자신에게 최적화된 생활을 하고 있기에 어떤 일 처리 기술이든 가지고 있을 수밖에 없다. 그러니 자신이 어떤 일 처리 기술력을 갖추고 있는지 찾아보자.

직장 일에서는 서투르고, 덤벙대며, 실수만 저지르다가도 취미생활을 할 때는 놀라운 일 처리 기술력을 발휘하는 사람이 있다. 『낚시광 일기』라는 만화책에 등장하는 주인공은 직장에서는 무능한 사람인데, 낚시할 때면 놀라우리만큼 뛰어난 실력을 발휘한다. 그러므로 낚시할 때만은 주위 사람 모두 그를 의지하고 따른다.

'나는 어떤 일도 잘할 수 없는 무능한 사람이야!'라는 생각부터 버려야 한다. 『낚시광 일기』의 주인공처럼, 어떤 일에서만은 누구에게도 뒤지지 않는 일 처리 기술력을 자신이 갖췄다는 사실을 깨달아야 한다. '아, 이것도 나만의 일 처리 기술이구나!' 하고 느끼면 자신감이 생겨 능동적으로 활동하게 된다. 자기가 가진 일 처리 기술력을 다른 일로 확장하며 응용하면 된다. 만화책 『낚시광 일기』의 주인공이 낚시의 일 처리 기술을 자기 업무에 적용하고 응용하며 유능한 직장인으로 진화하듯 말이다.

이렇게 자기만이 가진 강점을 활용하며 다른 분야와 영역까지 확장하고 향상하는 지혜와 역량이 필요하다. 이것이 업무 영역과 경계를 뛰어넘어 일 처리 기술을 연마하는 길이다.